爱女儿 爱爸爸

做女儿生命中第一个好男人

What a difference a daddy makes：

The Indelible Imprint a Dad Leaves on His Daughter's Life

〔美〕凯文·李曼（Dr. Kevin Leman）博士 著

黄珮玲 译

四川大学出版社

责任编辑：陈　纯
责任校对：朱兰双
封面设计：米茄设计工作室
责任印制：李　平

图书在版编目(CIP)数据

爱女儿爱爸爸 /（美）李曼（Leman，K.）著；黄珮玲
译. —成都：四川大学出版社，2007. 7
ISBN 978−7−5614−3774−2

Ⅰ. 爱… Ⅱ. ①李…②黄… Ⅲ. 青少年教育：家庭教育
Ⅳ. G78

中国版本图书馆 CIP 数据核字（2007）第 116189 号

四川省版权局著作权合同登记图进字 21−2007−041 号

What a Difference a Daddy Makes by Dr，Kevin Leman
Copyright © 2000 by Dr，Kevin Leman
Published by arrangement with Thomas Nelson Publishing Group
Simplified Chinese translation copyright © 2007 by AGECO INC.
ALL RIGHTS RESERVED

国际简体中文版授权 / 深圳埃基柯文化发展有限公司　www. ageco. com. cn

本书译稿引用自张老师文化事业股份有限公司

译者：黄珮玲

书　名	爱女儿爱爸爸	
著　者	［美］凯文·李曼	
译　者	黄珮玲	
出　版	四川大学出版社	
地　址	成都市一环路南一段 24 号（610065）	
发　行	四川大学出版社	
书　号	ISBN 978−7−5614−3774−2	
印　刷	郫县犀浦印刷厂	
成品尺寸	170 mm×220 mm	
印　张	15.25	
字　数	161 千字	
版　次	2007 年 8 月第 1 版	
印　次	2012 年 12 月第 2 次印刷	
印　数	5 001～8 000 册	
定　价	28.00 元	

◆ 读者邮购本书，请与本社发行科
联系。电话：85408408/85401670/
85408023　邮政编码：610065
◆ 本社图书如有印装质量问题，请
寄回出版社调换。
◆ 网址：http://www. scup. cn

题　献

　　谨将本书献给四个爱女：荷莉、克丽丝汀、涵娜、萝仁。当你们的爸爸，是一大殊荣，是沉重的负担，更有无比的喜悦。你们每个人都大大地改写了我的人生！

　　另外，也将本书献给爱子凯文。他是一位令人肃然起敬的艺术家，拥有绝佳的幽默感。小凯文，你真了不起……你将会成名的！祈求终有一天，你也能享有当爸爸的殊荣。你会是个出色的爸爸。

　　我深爱你们每个人！

目 录

第一篇
爸爸的影响力

第二篇

爸爸的义务

目
录

爱女儿

农爸爸

3

第三篇

爸爸的困境

5

推荐序一

爸爸放轻松

游乾桂

我是个爸爸!

这点当无疑义,所以有权说点爸爸的心事。

但,怎么说?

张老师文化公司出版的《爱女儿爱爸爸》一书,给我一个非常清晰的轮廓,足以让每个父亲了解,做好爸爸的好理由。

正因为如此,我便不想再提及书的内容,因为它已好到不必我说;只好引述美国"父与女协会"的如此评论——父女关系的品质将影响女儿的自我评价、与男性和其丈夫的关系;李曼博士以幽默的方式,提供现实生活中父亲的行为规范,并确保不至于发生令人悔恨的事,这些实例将使得父亲在女儿心目中成为一个好爸爸。

这些年来,用一种惜缘的心情,分享的风格,散文的笔触,与读者娓娓道来的方式,我提供的亲子建言也接近于此。但李曼这本书更有味道,完全离开专业教条,用一种人人能懂的小说体,把父女情深的点滴,写进故事里,毫无困难地便可以一口气阅毕,

1

之后，便陷入深深的沉思中。

与我所阅读过的大量的专业论述相比，这本书更令我反省，它不想教人，但却不露痕迹的影响人。

父亲的意义大矣，但却常常被遗忘。

遗忘的理由之一正是忙碌，忙得要死、忙得要命，做牛做马、累得像猪、喘得像狗的生活，使人天天来不及演个父亲，于是这个不该错过的角色，也就顺理成章的被错过了。

时间是关键，但很少有专家提及；每天给孩子多少时间，是一个很需要反省的问题。一个天天只能拨出 10 分钟的爸爸，真的很难成为好爸爸，他会犯两个错误，一是急，二是暴；孩子便会与之有所疏离。

爸爸可能会说，真的没时间呀，那么至少也该利用时间。一是机会教育，二是品质观点。作者会利用一切机会带女儿去旅行、度假、参加丧礼、服务人群、表达真爱等等，这便是一种机会教育；缺乏时间的父亲，品质是很重要的，至少让在一起的分分秒秒，都有一些愉悦的分享，快乐地织满难得相守的光阴，这是爸爸的义务，也是责任。

有人说，好爸爸是可以学习与该学习的，不是遗传与环境可以完全决定的。我与李曼一样，不喜欢以专家自居，那是个很肤浅的词汇，学习者更适合我们。我努力实践包括我在内的专业观点，而非随口说说，只是让别人去执行，我不会信口雌黄。这些年来，果真有了收获。比如说，2001 年的父亲节，我便收到一个令人难忘的礼物。那一天晚上 8 点，孩子的礼品还未送到我的手中，我以为孩子忘了，心急地提醒他们，儿女异口同声叫我别吵，请闭嘴，最后谜底揭晓，孩子送我一堆有趣的券，写着按摩券、捶背券、捏脚券、扫地券、洗衣券等等，有意思极了。

我努力学习当个好爸爸，孩子给了我美好的回忆，我终究明白了，努力的确会得到回报的。

别再找借口了，每件事都是起头难呀，如果真不知如何做，这本书里的很多支字片语，都能引发你的思维，使你做出最最美好的决定。

写了无数篇的序，至少目前为止，它是第一本让我不知用何种形容词赞赏的，余下的优点，该由你自己去读它，自己发现啰。

（作者为亲子教育作家）

推荐序二　父女情深的因缘

林家兴

从事心理咨询的临床工作多年，对于亲子教育的实施，我有以下的几点观察：

第一，参加亲子教育课程或父母成长班的家长以妈妈占绝大多数，爸爸参加者总是寥寥可数。有的爸爸根本就认为管教孩子是妈妈的事情。有的爸爸虽然有心想参加亲子教育，可是想到出席的人都是婆婆妈妈，心中便打了退堂鼓。有的爸爸虽然报名参加了亲子教育班，到了教室，一看都是妈妈们，觉得怪怪的，不好意思走进教室，即使参加了也不易坚持到底。由此可见，爸爸想参加亲子教育课程或父母成长班，需要克服许多心理的阻碍。

第二，亲子教育的主题很少触及父亲与女儿的关系，似乎觉得这是一个不易启齿讨论的主题。家长们总是围绕亲子问题讨论，顶多讨论母女问题、母子问题或父子问题。亲子教育班似乎有意无意的疏忽有关父女关系的主题，这对于为人父母的亲子教育，可说是一种极大的不足与遗憾。一个没有良好父女关系的女生，将来在两性关系上总会有较多的困难要克服。

请闭嘴，最后谜底揭晓，孩子送我一堆有趣的券，写着按摩券、捶背券、捏脚券、扫地券、洗衣券等等，有意思极了。

我努力学习当个好爸爸，孩子给了我美好的回忆，我终究明白了，努力的确会得到回报的。

别再找借口了，每件事都是起头难呀，如果真不知如何做，这本书里的很多支字片语，都能引发你的思维，使你做出最最美好的决定。

写了无数篇的序，至少目前为止，它是第一本让我不知用何种形容词赞赏的，余下的优点，该由你自己去读它，自己发现啰。

（作者为亲子教育作家）

爱女儿 爱爸爸

推荐序二 父女情深的因缘

林家兴

从事心理咨询的临床工作多年，对于亲子教育的实施，我有以下的几点观察：

第一，参加亲子教育课程或父母成长班的家长以妈妈占绝大多数，爸爸参加者总是寥寥可数。有的爸爸根本就认为管教孩子是妈妈的事情。有的爸爸虽然有心想参加亲子教育，可是想到出席的人都是婆婆妈妈，心中便打了退堂鼓。有的爸爸虽然报名参加了亲子教育班，到了教室，一看都是妈妈们，觉得怪怪的，不好意思走进教室，即使参加了也不易坚持到底。由此可见，爸爸想参加亲子教育课程或父母成长班，需要克服许多心理的阻碍。

第二，亲子教育的主题很少触及父亲与女儿的关系，似乎觉得这是一个不易启齿讨论的主题。家长们总是围绕亲子问题讨论，顶多讨论母女问题、母子问题或父子问题。亲子教育班似乎有意无意的疏忽有关父女关系的主题，这对于为人父母的亲子教育，可说是一种极大的不足与遗憾。一个没有良好父女关系的女生，将来在两性关系上总会有较多的困难要克服。

第三，家长经常会希望老师们推荐一些亲子教育的好书，作为管教子女与改善亲子关系的参考书籍，可是如果有人需要有关改善父女冲突或增进父女关系的参考书，市场上还真的找不到相关的好书可以推荐，尤其是亲子教育专家根据亲身体验所撰写的参考书籍。父女关系这个主题的书实在很少，这对于亲子教育的推广总是美中不足。

　　第四，由于传统文化的影响，家长总是比较重视儿子的管教，对于女儿的管教就比较疏忽一点。从事心理卫生工作 20 年，我更加认为女儿的管教比儿子还重要。由于多数家庭对于子女的教养工作，大多数还是靠妈妈，因此如何教育女儿成为未来健康又胜任母职的妈妈，实在太重要了，可是要教养健康快乐的女儿，只靠妈妈一个人是不够的。教养健康快乐的女儿，需要双亲的同舟共济，爸爸的积极参与更是不可或缺。

　　很高兴看到张老师文化公司把在美国深受家长好评的《爱女儿爱爸爸》的中文版介绍给国内的读者。张老师文化公司一向非常重视亲子教育的推广，本书的出版正好可以弥补市场上此类书籍的缺口，对于家有女儿的家长，特别是对爸爸，无疑是一本成功教养女儿的指导手册，培养良好父女关系的指南。

　　本书作者是一位非常积极参与管教子女的心理学家，他本人不仅是亲子教育与婚姻咨询专家，更是一位实践理想亲子关系的父亲。本书用许多生活中发生的实际例子，来告诉读者他是如何协助女儿快乐成长的。作者以生动幽默的文笔，述说他教养四位女儿的真情故事，读起来令人感动，也令人羡慕。阅读本书使人深信父女情深是有因缘可循的，读者如果能够把握这些关键的因

爱女儿
爱爸爸

缘，也可以像作者一样拥有美好的父女关系。

　　本书所探讨的主题，诸如父亲对女儿人格发展的影响、父亲如何与女儿培养良好的父女关系、父亲如何用不同的方式爱每一个女儿、父亲如何与女儿谈性与婚姻，以及父亲如何放手让女儿长大成人，都非常实用且贴近每个家庭的主题，也都是每个有女儿的家庭会碰到迫切需要处理的问题。对于许多不好意思参加亲子教育课程或因管教女儿而求助无门的爸爸们，本书是值得人手一册的好书。译者黄佩玲女士译笔流畅，中文版阅读起来，毫不费力。对于忙碌的家长，本书是一本可以提供家长自我成长的优良读物，笔者乐意推荐给为了养育女儿而深感困惑或烦恼的父亲们。

　　　　　　　　　　　　（作者为中国台湾师范大学心理辅导系教授）

爸爸，女儿需要你

冯志梅

我曾经在美国的广播节目中听到凯文·李曼的演讲，当时就被他幽默风趣却又扣人心弦的演讲内容深深吸引。李曼先生让我佩服的不仅是他生动、诚恳的沟通方式，还有他对真理的认识、坚持与实践。因此，能为他的著作写推荐序，真是我莫大的荣幸。

今天市面上有许多亲子关系的书籍，但单单谈到并强调爸爸对女儿一生之重要的书却不多。李曼先生以自己与四个女儿之间的互动与生活点滴，使读者很容易且清楚地看见一位女性和他父亲的关系将会左右她这一生和所有其他男人的关系。

作者不仅谈到父女之情，也经常适时提出正确的夫妻相处原则。例如在第一篇里，李曼先生就聪明地给予男士们读此书的动机："多多关心和疼惜自己的小女儿，会让你的妻子对你'性'致勃勃。"这可能是大部分男性从不知道的秘密，但身为女性，我完全同意他的说法。我曾经不止一次听到女士们讲，当她们看到先生温柔的照顾女儿时，就不禁深受感动，并由衷地对先生生出仰慕之情。

7

　　李曼先生著作的第一篇就让男人看到爸爸的影响力是远超过一般男人所能想像的，父亲在女儿的眼中有"巨人般的身影"。在第二篇中，作者具体的刻画出男人怎样成为一个好爸爸。令我印象最深刻的是他说："有爱心、体贴，而又谨慎的父亲会为小女儿烙上正面的印记，使她有勇气向要求她'和我们一个样'的同伴说不。父亲的肯定，是女儿应付同伴压力最好的方法。"作者认为，父亲如果不能与女儿之间培养出信任感，她日后就会被好玩弄女人的男人或男孩利用，而无法正确地分辨并选择能带给她一生幸福的好男人为丈夫。

　　李曼先生强调，爸爸应该按女儿独特的个性和能力来爱她们，而不是期望每一个女儿都有相同的表现。他提醒培养孩子正确的品格与价值观的重要性，而这应源自于女儿与父亲建立亲密的个人关系。他说："让孩子拥有正确的品格与价格观最好的方法，就是当一个关心儿女的父亲。男士们，不管你们喜不喜欢，你们的女儿在小时候会把你们和上帝联想在一起。"当孩子看到爸爸怎样爱母亲且为家人牺牲自己时，她们便真实明白爱的真实含义，也才可能发自内心的去爱她周围的人。

　　最后，李曼先生教导所有的爸爸负起那最重要的责任——就是为女儿进入婚姻做准备。根据我的观察，大部分东方人的父亲都把教导女儿有关男女关系问题的责任推给了母亲，似乎要父亲与女儿讨论如何与丈夫相处是很尴尬的事，但作者却讲述了他自己如何坦白和孩子沟通"性"的话题，并根据她们的程度来谈，以带领女儿避开复杂的男女关系，保守自己身、心、灵的纯洁，直到进入婚姻。他强调，要达到这样的目标，爸爸必须积极投入到女儿的生活中才行。

　　我认为此书是所有有女儿的父亲必读的一本好书，女性读者也很合适，里面许多的原则也适用于母亲的角色。你会跟李曼先生进入他与女儿的世界，随着他们一起笑、一起哭，你更会为上天所托付你身为父、母亲的重任而深感荣幸与战兢。祝福你在女儿成长的岁月里，为她奠定人生最重要的基础，并为她编绘最美的回忆。

爱女儿
爱爸爸

第一篇

爸爸的影响力

第一章 遗漏的材料

"拜托，拜托，拜托，"雪莉·韩特真的在祷告，"别唱爱国歌曲。"

不幸的是，老师正打算这么做。

那是 1935 年。一股大美国主义的新浪潮正横扫全国，而雪莉的老爸就和身处这一历史的许多人一样，满腔热血地爱国。

"雪莉，身为美国人，你应该深以为荣。"老爸这么告诉她。

第二次世界大战前不久，一名亲希特勒的德国佬走进雪莉的老爸经常光顾的一家理发厅，开始歌颂起纳粹主政的第三帝国。她老爸不顾自己半张脸还涂满刮胡霜，立刻从理发椅上跳下来，把这家伙推到墙边。"你如果觉得美国不好，可以滚蛋，"他半吼道，"但别站在这里，说这个国家的坏话。"

收音机或公共场合传来的歌，即便只是提到美利坚这三个字，雪莉的老爸也会坚持他们文汉家族一家人起立致敬。他们可能正和客人用晚餐用到一半，但只要收音机传来这样的歌（"那个年头，人们会整天开着收音机。"雪莉回忆到），雪莉全家会把椅子

爱女儿

爱爸爸

推开，然后站起来。

　　这就是雪莉拼命祷告背后的原因。她当时正在上中学，老师指挥班上同学唱了好几首民谣，包括：《我在铁路局工作》、《轻轻流啊，甜蜜的阿富顿》、《喔！苏珊娜》。

　　到目前为止还好。

　　接着，老师宣布："让我们唱《美哉美利坚》！"

　　雪莉觉得自己好像快从座位上溶化了。

　　"唱第一段歌词的时候，我坐着想，爸不在这儿，我不必站起来，他不会知道的。"

　　再怎么说，她坐在前排，全班同学都看得到她。而一个 13 岁的小女生最避之唯恐不及的，就是陷入尴尬的场面了。

　　但压力变得强大无比。雪莉可以看到老爸的面孔，也可以听到老爸慷慨激昂的话语：当你走出那扇门，你就是代表文汉家族走出去，可别忘了这件事。

　　和那个坚毅忠诚的男人的影子一比，坐满初一学生的教室突然黯然失色。当全班唱到第二段歌词的时候，雪莉摇摇晃晃地站了起来，双腿还在发抖。她就是控制不了自己。

　　唱完这首歌以后，雪莉的行径引起一些讨论。一个男生和老师争论："雪莉根本不必站起来。我们又不是在唱国歌。"

　　"是啊，我是不必站起来，"雪莉立刻吼回去。"你又不认识我爸。"

　　60 年后，当雪莉回顾起那桩往事，双眼仍然闪闪发光。她解释到："身为那个男人的女儿是我的荣耀。我从小就非常尊敬他，因为他是一个可靠的人，而更重要的是，我不想让他失望。"

如果你曾经好奇父亲对女儿能产生多大的影响力，我建议你不妨到华盛顿州的柏令罕一游，看看雪莉·韩特发亮的双眼。几十年过去了，直到现在，她对那个抚养她长大成人的男人强烈地尊重与敬爱仍然未曾稍减。

　　从我的工作以及通过收音机、电视、研讨会向好几百万人演说的经历，我注意到一个事实：当父亲的人，会为女儿的人生刻下无可磨灭的印记。他们对女儿的影响大到许多女性会去容忍一些不成文的规定，却从来没有想过要去质疑是否合理。这些规定在她们身上根深蒂固，就算自己已从大专毕业、嫁人，甚至生出半打儿子，她们永远都是爸爸的小女儿。

　　一位女性和她父亲的关系将会左右她这一生和所有其他男人的关系（包括她的上司、同事、属下、儿子、丈夫、兄弟、牧师、教授，甚至好莱坞的电影明星），而其影响力比其他任何关系都来得深远。（你告诉我某位女性喜欢 NBA 的丹尼斯·罗德曼更甚于麦克·乔丹，我就可以准确地告诉你她父亲的模样）任何一种关系都会被这个叫做爸爸的男人刻上无可磨灭的印记，不管这印记是好还是坏。

　　虽然这本书主要是为男士而写，但我知道有一些女士也会拿来翻阅，只为了解我们男人在聊些什么。如果你是这其中的一位，我想你将会发现某个男人在你的人生中刻下的印记是多么的深。你如果能了解你和父亲的关系，将有助于修复你那颗受伤的心，或使原本健康的关系锦上添花。你对自己的婚姻，将会有一些新的认识，当儿子的母亲，也会更加称职。

　　至于男士们呢，容我告诉你们一个小秘密吧：只要认真扮演

爱女儿
爱爸爸

父亲这个角色，你的情爱生活就可以大为改善。每当我在研讨会上讲一些激励人心的父女故事时，台下总会有人情不自禁地大叫一声："啊！"

这些父女故事女士听得再多也不嫌烦，但大多数的男士却不明白不多多关心自己的小女儿会对自己造成什么损失。如果你想让妻子"性"致勃勃，和妻子约会时带女儿一起去吧。你可能会受到一些挑战：寥寥几根稀疏的发丝死命地紧黏在头顶上；体重急速上升，光是你一个人，就足以把热气球压在地面！但是只要你向女儿适度地表达爱意，好好疼惜她，我向你保证你的妻子一定会赞叹："真高兴我嫁给那个男人。"（而且，她可能还会想出一些很有创意的方法来告诉你这件事）

每个女人之所以痛心，答案就在父女关系。每位长大成人的女性之所以叹息，原由出在父女关系上。不幸的是，父女关系也是许多失落的灵魂遗漏的材料。

不可或缺的材料

我女儿决定在我和妻子的结婚周年纪念日为我们烤一个蛋糕，而且不要假他人之手。她自己会做，多谢你们啦。

成品令人不敢领教，说老实话，实在很难吃。不过我知道终有一天，这个女儿将有能力做出美味可口的巧克力饼干和蛋糕，因此不想在她的首次实验扫她的兴。

事实上，她的蛋糕不是烤出来的，而是用烧肉的方式烧出来的，结果当然不会太精彩。

"我只是把烤箱打开，"她解释到。"怎么知道功能键要调到烧烤那一格呢?"

算她有理。等她把上层的硬皮刮掉后,"蛋糕"只剩 2.5 厘米高。她涂上一层糖衣,好提醒我们这不是巧克力饼干,然后切一片请妻子和我享用。

"这蛋糕很……嗯……很湿,"我的妻子珊蒂说到。"想不到会这么湿。"

"好吃,亲爱的,"我补充一句。"真是好吃。能不能再来一杯牛奶?啊,既然你就在那头,干脆把整盒牛奶拿来。"看到女儿的微笑,撒谎也值得。

第二天早上,珊蒂搜遍了橱柜。"奶粉跑到哪去了?"珊蒂问到。"几天前我买了一整罐,现在却找不到。"

"奶粉?"女儿问到。

珊蒂回过头来,及时看到女儿的眼睛迅速瞄向那评价不高的"蛋糕"。

"你的意思是那不是面粉?"女儿问到。

珊蒂爆笑起来,女儿也跟着一起笑。难怪蛋糕吃起来会这么湿!

蛋糕并不难做,但你要是改变了其中一项重要的材料,只要一项就好,好比面粉吧,结果就会惨不忍睹。每个女人一生的重要材料就是她和父亲的关系。父女关系要是遗漏了什么或是扭曲变形,未来将得花费大量的时间和精力来克服这些缺憾。

很多研究清楚显示,女儿的成功,依赖父亲在前面铺路。我通常不会迷恋"专业研究",因为我发现大多数的专业意见有如腋窝:每个人至少有两个,而且往往有异味。大多数的心理学家和

第一章 遗漏的材料

爱女儿 爱爸爸

社会科学家对父亲这两个字怎么写，莫衷一是，更别说是正确地加以描述，不过有一点，他们的意见倒是一致的。罗格斯（Rutgers），大学任教的社会学家和《失怙的人生》（*Life Without Father*）一书的作者戴维·波普诺（David Popenoe）写到："有关家庭结构的证据几乎一面倒，指向同一个结论。就我所知（在社会科学当中）关于其他议题的证据鲜少这么一致的。"[1]

有关家庭结构的这个证据显示，父亲与女儿的关系，是女儿的人生能否成功、婚姻是否美满的关键。波普诺表示良好的父女关系包括称赞孩子的课业表现、注重孩子的心理健康、培养孩子的恻隐之心，甚至支持妇女的地位！他坚称，如果有更多男士关注女儿的人生，将会有更多妇女在政府机关当主管，被丈夫虐待而逃往专为她们设立的收容所的妇女也会减少。

在加州柏克莱大学研究非洲裔美国家庭的俄恩斯坦·布朗（Ernestine Brown）警告说："小女孩如果得不到父亲的疼爱和支持，长大以后可能会变得孤僻或具侵略性。"[2]

政界人士总是急着赶流行，对于父亲这个角色的追赶也费了不少劲。前共和党副总统奎尔在 20 世纪 90 年代初曾引发一场大风暴：他当时攻击一出电视喜剧《梅菲·布朗》（*Murphy Brown*），这出喜剧暗示父亲没什么大不了，而蓄意当单亲妈妈也没有关系。几个月后，新当选的民主党总统克林顿也唱和奎尔的主张。他说："我们的社会最严重的问题，大概就是没有父亲的家庭越来越多了，因为这个问题会产生连锁反应，导致许许多多的其他社会问题。"

保守人士可能很难接受政治顾问卡尔维（James Carville）所

说的话，但起码他了解父亲的意义："第一点，薪水并不很重要；第二点，爸爸很重要。"

1999 年，一项名为"青少年/父母毒品"的调查发现，来自双亲家庭而与父亲关系不佳的青少年，染上抽烟、喝酒、吸毒等恶习的比率，比来自单亲妈妈家庭的青少年高出 60％。

这是第五个年度的调查，由哥伦比亚大学附设的"国家毒瘾物质滥用中心"（National Centeron Addiction and Substance Abuse，简称 CASA）出资赞助。调查中有 71％的青少年表示与母亲关系甚佳或良好，但答称和父亲关系甚佳或良好的只有 58％。

"毒瘾物质滥用中心"的现任所长约瑟夫·卡利法诺（Joseph Califano Jr.，原美国卫生教育福利部长）表示，这些统计数字可谓对"全美国的父亲当头棒喝"，鞭策他们花更多心思在子女身上。

很可惜，许多父亲仍然将养育子女的责任完全交给妻子，以为父亲的声音起不了任何作用。

"我们不能将责任完全交给母亲，"卡利法诺如此警告。"她可以做得很好，但她无法单独一个人来做。"[3]

不管是民主党还是共和党，不管是总统还是学者，我们现在搞懂了一件事，那就是：父亲很重要。

为什么呢？因为父亲对待孩子的方式不同，和母亲慈爱的关照相辅相成，两者的互补是必要的。

找个时间到公共游泳池走一趟，看看一位母亲在孩子穿着救生圈自在地在水面浮游时怎么引导她的小宝贝吧。她一定会用两手扶着宝贝的小布福或小贝蒂，小心翼翼地将救生圈拖离 7 厘米

高以上的波浪。要是可能的话，她会设法让孩子在游泳时不把身体弄湿。

现在，再听听高叫声……很可能你会发现父亲就在这对母子后面。一个小女生突然变成火箭，从父亲的手臂往空中射出，另一个小孩急着大声嚷嚷："现在轮到我！我是下一个！爸爸，把我像那样丢出去。"

母亲跑到父亲这边，说："哈洛德，你确定这样安全吗？"

"啊，她没事，艾蒂，她没事。这个年纪的小孩骨头软得很，不会断掉，"他答到。

母亲仍然唧唧喳喳抱怨个不停，搬出一些故事当武器，说什么至少有一打的孩子因为被丢进游泳池而挂彩，变得让人家认不出来，但暗地里，她心想，真高兴嫁给这个男人。瞧瞧他和孩子玩耍的那副德性。

女性知道自己在养育儿女时具有某些特质，而她那位雄赳赳的丈夫则有一套截然不同的观点和方法；她也了解想让孩子的人生有个最好的开始，父亲和母亲务必都要积极肩负起这项重责大任。

这不只意味着男孩子需要一位男性的楷模。事实上，我主张孩子最重要的人际关系，是与父母当中异性那位的关系。

最重要的关系

"亲爱的李曼先生，"来信写到，"去年夏天，您在我们这里演讲时，提到一个好点子，我要为此向您致谢。您说我们应该举办更多'父女档'、'母子档'的活动，所以我决定一试。上周五我们为父女档举办了一场'甜心晚餐'。我们估计会有 50 个人来。但那天我们招待了 274 人用晚餐！再次谢谢您这个很棒的点子。"

并不是说"母女档"的宴会或"父子档"的郊游有什么不对，而是大家似乎对更重要的父女关系及母子关系视而不见。女性的婚姻受到与父亲关系的影响的程度，远大于受到与母亲关系的影响。而影响男性的婚姻最重要的因素，并不是他与父亲玩棒球那段时光，而是他与母亲独处的时刻。

岳父大人过去撒的种子，现在不是轮到丈夫付出代价，就是让丈夫大丰收。一个正面的例子是美式足球亚特兰大鹰队的四分卫克里斯·湘德列（Cris Chandler）。克里斯的妻子黛安妮·布罗迪是旧金山 49 人队传奇性的四分卫约翰·布罗迪（John Brodie）的女儿。初遇她时，克里斯只是第二、三线的四分卫，勉强挤进联盟的行列。5 年内他换过三个球队，前途黯淡无光。

过了几年，1998 年时，湘德列在一个球季共掷了 3154 码球，包括 25 次传球帮助队友持球触地得分，成为亚特兰大鹰队的主将，出赛一般球季以及第三十三届的超级杯。湘德列蜕变的原因何在？小心倾听他怎么告诉"今日美国"吧："过去我从来没有遇过像黛安妮那样和我交谈、听我说话的人。她像极了她的父亲——乐观进取，充满活力。他们重建了我的自信，而自信使我的球技更上一层楼……"[4]

娶了一位与父亲关系很好的女性使克里斯获益良多。他的岳父灌输给女儿一种人格特质，能帮助克里斯完全发挥甚至超越其本身的潜能。

另外也不乏一些负面的经验。爵士乐超人气歌手纳京高（Nat

11

King Cole) 的女儿娜姐莉·高（Natalie Cole）本身出的唱片也很畅销，她一方面深爱父亲（1992年她告诉《好管家》 "Good Housekeeping" 杂志的一位记者，自己很"崇拜"父亲），但另一方面，有时却又有"被忽略、嫉妒的感觉"。

"我的小脑袋无法确定父亲究竟比较喜欢他的歌迷还是我，"她说："我需要他时常陪在我身边，他却做不到，我老是因此而发火，而觉得受伤。我对他的需要，远超过他所能付出的。"

父亲因为巡回演唱经常不在家，这让娜姐莉很难过。然后，就在她才15岁那年，父亲永远离开她，这次是因为死亡。

纳京高的离开人间以及先前经常不在，在女儿身上刻下负面而又无可抹灭的印记。"我不知不觉地认为男人会离开我，就和父亲始终都不在我身边一样，因此，我会先离开他们，以确保自己不会受伤，"娜姐莉告诉《好管家》杂志。记者亚伦·艾伯特提到："娜姐莉在首次结婚和目前这段婚姻的10年间……离开了每个交往过的男人。"[5]

夫妻双方都有必要了解父母当中异性那一方所流传下来的无所不在的影响。父女关系或母子关系会大大地左右子女选择的结婚对象以及子女的婚姻质量。

沉默寡言、置身度外的父亲，会造成女儿对男人百思不解（冷漠的母亲会造成儿子对女人毫不了解）。当一个女孩让一个男孩亲吻她，唯有她自己的老爸（碰巧和女孩的追求者具有同样生理构造的老爸）更有资格告诉她，这时男人体内会起什么变化。

我不断地提醒女性一件她们自己可能都不知道的事。丈夫最大的需要，就是性欲得到满足，请注意，我并不是说性，而是说性欲得到满足。我们将在后面的章节谈到这两者之间的差异。我要是照大多数的母亲那样，把年纪轻轻的新娘子拉到一旁来解释"洞房花烛夜"的情形，女性永远也猜不透我在说些什么。

女人最大的需要是……园艺。嗯，或许不是园艺，不过根据一项针对女人偏好的活动所做的全国（美国）性调查，在泥土中挖来挖去，的确排在做爱的前面。问题就出在大多数的女人想要男人凭直觉去透视她们的需要。她们不想告诉丈夫自己的需要，只要丈夫自己知道就好。大多数的丈夫根本就是茫然无所适从，于是，30 年后，小儿子成亲那天，当他把小儿子拉到一旁努力解释的时候，这可怜的年轻人承袭了一套在土星或许行得通，在我们这个星球却绝对不适用的游戏规则。

要是像这两个例子那样，由母亲告诉女儿，由父亲告诉儿子，无知就会像传染病一样传给下一代，婚姻就会因此而生病。

怎么医治？加强父女关系、母子关系。让母亲告诉年轻男子他年轻的妻子需要什么，让父亲告诉年轻女子她的丈夫想要什么。成功的队伍需要攻守平衡。我们必须打破将两性隔开的那道荒谬的藩篱。

这就是我为什么经常力劝家庭把电视关掉的原因——不是因为他们看到了什么，而是因为他们看不到什么。从当今的电视节目，孩子看不到负责任的男人，看不到相敬如宾的夫妻，看不到尊敬父母的孩子。孩子极有可能看到的，是一个如坠云雾中的笨父亲，大家都得对他百般忍耐，他是家里的笑柄。

晚上看电视剧时，孩子不知不觉地目睹老爸们在每句愚蠢的台词中，扮演被嘲弄的对象。辛普森成为美国父亲的刻板印象。

爱女儿

爱爸爸

"国家父亲角色开创"（The National Fatherhood Initiative）这个机构审议了 1998 年 ABC、NBC、CBS，FOX，WB 等电视网在秋季黄金时段所播出的节目。他们发现电视网所播出的 102 出喜剧或一般戏剧当中，父亲担任主角或占有很重的戏份的，只有 15 出，而这 15 出当中，将父亲描写成既有能力又有爱心的，只有 4 出。这意味着黄金时段电视节目当中，正确地呈现出父亲应有的形象的，不到 4％。[6]

这种现象已经持续了好一阵子。20 世纪 90 年代初，一位年轻、害羞的女子在 ABC 的迷你剧场《酿酒厂的女人》（*The Women of Brewster Place*）中埋怨自己没有老公。一位比她年长、比她"精明"的女人答到："嘿，我有过五个，但你并没有什么大不了的损失。"

连晚间新闻也会攻击父亲。一名社交"专家"真的提出这样的看法：要是让女人在福利金和丈夫之间二选一，她们应该会选择前者，因为这通常比较可靠，也不像男人那么麻烦。[7]

为了女性的幸福以及其他种种，我们应该尊重父亲这个角色。女人必须先学会尊敬父亲，才能够自在地与丈夫和平相处并善待儿子。

在以下的章节，我们将进一步探索父亲所产生的深远影响。女性可以这么看待自己的父亲：她之所以成为今天的她，正是这个男人造成的。

第二篇讨论"爸爸的义务"。我们将探究健全的父女关系具有哪些特征，同时检验一下想给女儿的人生一个最好的开始，应有哪些要素。

在第三篇，"爸爸的困境"，我们将谈论一些棘手的话题：父亲应该怎样和女儿讨论性以及生理发育的问题；当母亲和女儿开始争相赢得父亲的注意时，该怎么办；父亲如何顺利转型，当个成功的岳父。

　　读者将在字里行间接触到为这些问题所苦的男男女女。我也会告诉你我曾经怎样努力当我家那四个女儿的父亲。我必须承认这些故事大多是正面的。不过啊，这只是我的回忆。我喜欢将"小子"（这是我的自称）视为英雄，但事实上我当不成英雄的次数多得很。如果你想拿到尚未编辑成书的版本，得直接去找我的四个女儿。

　　本书处处可见实用的办法，偶尔也穿插一些让你开怀大笑，甚至哭泣的故事。但更重要的是，我希望本书能再次唤醒你，让你明白一个女儿和她的爸爸之间所存在的神秘关系是多么的奇妙。

注释

[1]　由 David Boldt 引用，" We Knew It All Along," Arizona Daily Star，1996 年 4 月 2 日，A1。

[2]　Kirk Johnson 与 Judith Springer Riddle 合著，"Fathers Are Crucial to Girls, Emotional Growth," Arizona Daily Star，1998 年 2 月 13 日。

[3]　Aimee Phan，"Drugs Tied to Trouble with Dad," USA Today，1999 年 8 月 31 日，4D。

[4]　Jill Leiber，"Father-in-law Knows Best," USA Today，1999 年 1 月 26 日，C1。

[5]　亚伦·艾伯特，"Fathers and Daughters,"《好管家》杂志，1992 年 6 月号。

[6]　　"Rating Television's Images of Fatherhood," *Fatherhood and TV*，The National Fatherhood Initiative，1999 年 3 月号。

[7]　　Barbara Ehrenreich 与 Frances Pox Given 合著，"Women and the Welfare State," 收于 Irving Howe 辑，*Alternatives：Proposals for America from the Democratic Left*（New York：Pantheon，1984），P41～60。

那个男人很重要

第二章

    我仍然记得老大荷莉出生的情景。我陪妻子待在产房，铆足全力，想当个全世界最佳的助产士。

    我看着珊蒂因为腹部再度收缩而坐立不安。"没事，"我鼓励她，她躺着，我握着她的手。

    "没事?!"她半吼半抱怨。"听好，老公，上头那边可能没事，但我向你保证下头这边绝不会没事!"

    珊蒂有一种天赋，能够洞悉整个产房内只有她会痛。

    我暗地自忖要是生个男孩该多好。当时的我喜欢打猎、钓鱼，也爱运动。可是当荷莉呱呱落地时，所有这一切美梦立刻破灭。第一次抱着这个小女婴是我这一生最可怕的经历。我记得当时在内心告诉自己，她完美无缺，真的完美无缺。我不会去改变她的脚趾的形状、她的身高，当然更不会去动她的性别。她原本的样子就很理想了。

    珊蒂在怀荷莉之前流产过两次，这使得荷莉的出世更加非同寻常。当我们带她回家时，我已有充分的准备。我调高室内的温

17

第二章　那个男人很重要

爱女儿

爱爸爸

度，热到可以在洗碗槽内爆玉米花。我的小女婴可不能着凉啊！

"但其实我们并不想把她煮熟，可不是吗，亲爱的?"珊蒂和颜悦色地问我。

我花了好长一段时间才学会轻松地对待这个小生物。护士曾经警告我要托住她的头，因此每当我抱她时，总要确定自己是否照这样做了，同时克制自己不要有这个恐怖的想法：要是忘了照着做，小女儿就会和粗制滥造的洋娃娃一样，头扑通一声往后掉进婴儿床。

我变得酷爱镜子。每隔约 5 分钟，我会不经意地将一面小镜子放在酣睡中的女儿鼻子下方。看到她的气息在镜面化为一层象征生命的雾气，我不禁笑逐颜开。

我的女儿啊。

我当时并不知道一件事，那就是小女儿将会以迅雷不及掩耳的速度长大，有一天将会窥视着我的双眼，用同样热切而充满感情的语气，回我一句："我的爸爸啊。"

我真希望有什么方法能让当父亲的愿意花够长的时间把视线抽离他们的有价证券目录，走出他们的办公室，或是把头伸出汽车引擎盖，好好想一想父亲对女儿的爱以及女儿对父亲的爱的秘密。我相信男人终极的快乐、意义、满足，有一大半来自于父女之间的关系。

但我们男人虽然慧黠得很，却又像个 20 世纪初的家伙，不会打开水龙头，光是在后院掘洞，巴望这样就能找到水。我们想要的东西就近在眼前，但我们却踏破铁鞋、寻寻觅觅，硬是漏掉了那个耐心等候我们青睐的小宝贝。

幸好美国几位知名男士正注意到一个事实：养育子女可以成为男人最有意义也最具挑战性的工作。让我们看看能否从他们身上学到一些东西。

乔登和强生的下一个挑战

麦可·乔登在 1999 年元月宣布退休，这则新闻立刻成为全世界的头条。意大利米兰的报纸如此声明："别了，乔登，你在篮球史上永垂不朽！"东京下的标题有那么一点启示录预言世界末日的味道："乔登退休，震惊全球！"

球迷大概都忘不了乔登所打过的许多场精彩的球赛，不过我特别记得其中一场。那是 1991 年的 NBA 总决赛的第二场，对抗洛杉矶湖人队。乔登快速将球运到罚球区中央，准备用右手上篮。山姆·伯尔金和葛林即刻前来夹攻，他们让乔登在空中毫无喘息的余地，眼看着这位篮球史上最伟大的健将就要严重出丑，走投无路，只有被打败的份。但刚好相反，乔登在半空中改变了主意。地心引力好像对他起不了作用，他悬在半空中的时间，足够让他紧抓着球，再将球传到左手投篮，这是瞬间做成的决定，两位防守的队员根本提防不到他有这一招。球轻轻地从篮框弹回，进篮。观众席先是因惊愕而一片寂静，紧接着是一阵喧嚣。这是一场令人目瞪口呆的演出。

几年后的一场明星球赛，他又有一次惊人的表演。葛兰特·希尔罚球时，乔登站在罚球区的上边。当罚球时，这个位置对99.99％的球员来说应该是防守的位置。可是当希尔一投完球，乔登立刻冲进罚球区中央，击退成排站在篮边的对方球员，抓着球

的边缘，猛然传回去，球没有落地。

连乔登自己好像也对自己这一球肃然起敬。他面带微笑，摇摇头，耸耸肩，好像是在说："这是怎么一回事？我可不比你清楚。"他比对方的中锋矮 15 厘米，离球又比他们远 6 米，但是球还是落入他的手中。

有过这么精彩刺激的职业篮球生涯，你大概会以为乔登退休以后会很无聊。乔登在宣布退休的记者会中提到这一点。他谈到有人问他是否会厌恶退休，理由是退休以后就没有他所需要的"挑战"。乔登的态度十分坚定。

"我不同意这个看法，"他说。

那么，他期待怎样的挑战呢，一个和 6 次赢得 NBA 总冠军以及创下无数个人纪录同样刺激的挑战？是从政吗？

不是。

那么，当个执行长，或是参加另一个新的职业赛？

绝不。

麦可·乔登所期待的新挑战是：养育子女。

1998 年，一名研究人员为了一举成名，出了一本书，主题是父母实在无关紧要。根据她的说法，同伴和大自然的影响会决定孩子未来的命运，父母所能左右的成分，少之又少。

身为心理学家，我难免会被问到这本书，我无意抬举此书，恕我保留书名。这位女士根本没有资格审查她所校勘的资料（书中没有任何她自己的研究，只是搜集了一大堆别人的研究，而且她并不是学社会科学的），除了这一点，我们还可以轻而易举地驳斥她的观点。

"让我们到附近的监狱走一趟吧，"我告诉一位向我质疑的人。"让我们和囚犯聊一聊。你找出一个父母相敬如宾、婚姻美满的囚犯给我瞧瞧，我才不信你找得到。"

由于养育儿女一事备受攻击，使我有必要提醒父母：身为父亲，你事关紧要——这种事还要我来提醒，真是令人痛心。父母所能做的并不是只有祷告，祈求最好的结局。我们可以积极帮助子女找到人生的道路。这么做非常重要。

为什么大多数的男人不把养育子女视为一项挑战？其中最困难的一点，就是父亲的责任没完没了。麦可·乔登可以利用中场休息消除疲劳、恢复体力。球季终有结束的时候，但养育子女却没有一季的终结或是中场的休息，也没有暂停的机会。草原湾基督书院（Meadow Creek Christian School，位于明尼苏达州安多佛）的训导主任麦可·米纳德（Michael Mignard）在开车送他正在上幼儿园的儿子去看医生途中，想通了这一点。

"爸，"他儿子说，"艾林昨天在麦当劳看到你坐在你的车子内。"

米纳德不认识艾林，可是艾林却把这则消息传给他儿子，于是，他明白自己总是陈列在外，就算他不知情。明白这一点，对他有如当头一棒。[1]

你或许以为男人会热烈地迎接这项挑战。我们不是首先征服了埃佛勒斯峰、探测北极，航行越过辽阔的海洋抵达远方吗？

可是，养育子女的责任（尤其是父亲的责任）却往往被摆在最后面。下班后、打完高尔夫球后、修好车子后、足球赛结束后，接下来，如果再也没有什么该做的，父亲这才把时间给孩子。许

爱女儿

爱爸爸

多男人遗漏了这项工作，但这却是他们做得到的事情当中最令人满足、影响也最深远的。

1999年，迈阿密足球队教练吉米·强生（Jimmy Johnson）指导的海豚队落败而无缘参加季后赛，这使他认识到无谓的竞争根本就是枉然。强生的母亲在前一年年底过世。出殡前一天瞻仰遗容时，他因为身为总教练的职责缠身，不能前往，不过他感动十足地说，他的几个儿子都参加了。

这次的经历令他心寒，尤其是想到球季结束后，不到两天的时间，28位总教练中有5位被解雇，占了将近20%。强生很清楚这一行的严厉、残酷：要求你付出一切，却不以忠诚回报。

"我听到教练们说，他们将信仰摆在第一位，其次是家庭，足球则是第三位。"他说，"可是他们每天花在足球的时间却长达十五六个小时，每个礼拜花一个小时上教堂，花几个小时和家人在一起。这告诉我们他们把注意力放在哪里了。"

吉米·强生所训练的球队相当出色，而且赫赫有名。未来一定会被列入美国名人堂的四分卫唐·马里诺（Dan Marino），就在他的旗下。他相信赢得锦标赛之日已不远矣，"只差几个主控球员。"可是与其再来一场超级杯赛，他更渴望花较多的时间与亲爱的人在一起，于是与老板达成一项协定：再聘一位副教练，以减轻他的负担。

"我再也不会三更半夜待在这里了，"强生信誓旦旦地许下承诺。[2]

根据美国社会的标准，麦可·乔登和吉米·强生可说是成功男性的典范，但两人却不约而同寻求改变，将家庭的优先权往前挪。然而，在全美各地还是有许多男人忽略他们的孩子，只为了得到乔登和强生已经历过，但到头来却令人失望的事物。

男人的价值

1986 年，我和珊蒂已经育有三个孩子，最小的 9 岁。珊蒂当年 42 岁，我 44 岁。我的事业如日中天，人生已经完美无缺。我们已经准备好继续前进。

人生太完美了，变得太完美了。

珊蒂和我在一家牛排馆享用晚餐，她塞给我一张卡片，为我的无上幸福、洋洋得意划上句点。妻子有那么点艺术气息，自制卡片正是她的作风。

我打开信封，念出卡片正面的句子："你准备好变更休假了吗？你准备好改变睡眠习惯了吗？"

这究竟是什么玩意儿？我心想。我做错什么了？

"翻过来，"珊蒂向我建议。

我照着做，念出圣诞快乐这几个字！不过，引起我注意的，是上头的图片：圣诞老公公抱着一个可爱的娃娃，娃娃正咧嘴而笑，一颗牙齿也没有。

我看着珊蒂，张口结舌。

"事情就和我想的一样吗？"

没错。

三女涵娜登上人生舞台。

5 年后，当再次想到我们家什么也不缺时，时年 47 的珊蒂又让我吃了一惊，而这次，确定是最后一次吧。

爱女儿

爱爸爸

这一回，我可没那么仁慈了。"给我点什么，我要把他给宰了，就在这里，我要当场宰了他，"我低声咕哝着。我都49岁了！我很快地屈指一算，算出这娃儿长大上高中时，我得拄着拐杖去参加家长会。

可是今天，你要是问我们的老幺小萝仁："你是爸爸的小什么？"十之八九她会回答说："我是上天赐给爸爸的小礼物。"

因为萝仁和涵娜的出世而"中断"的一切，比起她们为我的人生所增添的光彩，根本微不足道。这再次向我证实一件事：不管我做什么，都不能像当四个女儿、一个儿子的父亲那样令我满足。当我回到家，一跨进家门，不管萝仁和涵娜在做什么（或许正在吃圣代，或许正在观赏"大草原上的小屋"结尾的高潮，也或许正和最好的朋友玩耍）她们都会放下手边的事，疯狂地冲向我。

这两个小女孩满心盼望我回来，马上搂着我，片刻也不肯耽搁。她们不管我那天赚了多少钱；毫不在乎我的书销售了几本；来听我演讲的有20个人还是2000人。我名字后面的博士头衔对她们毫无意义。甚至，我在高中被退学（当年的确差一点被退学），她们的感觉还是一样。

我所见过最令人惋惜的事，莫过于男士因为疏于培养他们一生中弥足珍贵的父女关系，而错失这种无条件的爱和接纳。他们成天为了在办公室赢得他人的尊敬而奋斗，磨破值两百美元的皮鞋，只为了让世人说："那个男人很重要。"

让我告诉你吧：你要是有女儿，你就已经很重要了。你在下每个决定的时候，都要考虑到这一点。你要是想把太太给甩了，对自己行行好吧。让女儿坐在你的大腿上，注视你的双眼，然后只要试图告诉她你想离去就好了。你如果和太太离婚，女儿一定会觉得你也想和她离婚。

我不在乎你是谁。你的公司可以把你给换掉（终有一天他们会这么做的），但在你小女儿的眼中，永远只有你一人。

既然家里有免费供应的东西，为什么你还要将全部精力投入在外面呢？我知道部分的答案。大多数的男人刚成立小家庭的时候，往往也是正在全力冲刺事业的时候。家里最需要他们的时候，也是工作对他们的拉扯最用力的时候。这是一个危急的时刻。

稍停片刻，问问你自己：真正最重要的是什么？你所做的一切事情，什么能大大提升你的重要性？你的孩子是需要你再多赚一万块呢？还是爸爸经常回家吃晚饭会对他们更有好处？

我经常在电台和电视上发表谈话，包括观点（The View）、欧普拉脱口秀（Oprah Talk Show）、美国有线电视台（CNN）、今天（The Today Show）、早安美国（Good Morning America）、爱家基金会（Focus on the Family）等节目。有一回，我带一个女儿到播音室，录完第一段之后，我出去拿咖啡，但女儿想待在播音室里。

我想没有什么东西伤得了她，于是让她一个人留在里面。当我回来时，发现主持人早已打定主意在广播中让女儿发声，他觉得这会很"好玩"，而且是不经我的同意。

你可知道我气成什么样子？国税局可以把我所有的财产拿去充公，但这激怒我的程度，和这个寄生虫、阿米巴虫、传染病比起来，不过是小巫见大巫。他竟敢不先和我商量，就去糟蹋我女儿。

爱女儿
爱爸爸

我及时赶到，正好听到他问女儿："你有这个常上电台、电视的人当父亲，是什么感觉啊？"

克丽丝汀的回答平息了我的怒气："哎呀，你不懂啦，"她说道，"他只是我爸爸嘛。"

让那位寄生虫主持人留下深刻印象的一切，对我的小克丽丝汀来说毫无意义。对她来说，我的意义就是有个水桶腰让她搂，有个脸颊让她亲，还有一双手臂去抱她。我是那个会鼓励她，以巨大的包容心来引导她，用爱心来管教她的人。

是的，我哭了。难道你不会哭吗？只要说到我女儿，我就变成爱哭鬼。

由于排行前面的两个女儿现在都已经二十几岁了，在许多方面我已经绕了一大圈，颇有心得，想将这个心得传授给你们当父亲的人。记得我在本章开头谈到的小女儿荷莉吗？我永远也忘不了她离开家去上大学的那一天。这一天决定了我的优先权，永远不会改变。

现在轮到我了

荷莉离家去上大学那天，我的心都快碎了。我们将行李装满两辆车，开了两个半小时的车到距宾州匹兹堡约50里远的葛洛夫市立学院。虽然行李载满两车，但多亏一些男生的帮忙，不到5分钟就卸光了。这些男生甘冒扭到脖子的危险，不时侧着头偷看荷莉。

不知道为了女儿的圣洁而绞死一名大学男生，算不算是自我

防卫。

那天我们像一阵旋风，忙着帮荷莉整理房间、参加家长会、逛校园。最后，我告诉珊蒂："嘿，我们该走了。"

"我们还不能走，"珊蒂抗议，"我还没有帮荷莉铺床。"

你应该记得我们是送荷莉去上大学而不是托儿所。但珊蒂不等我争辩，马上瞪了我一眼，做丈夫的都明白这眼神是什么意思："你最好让步，笨蛋。"

5分钟以后，床铺好了，再也没有任何待在这里的借口。将近20年来，这是我的孩子第一次住在别的屋檐下。荷莉正想和我们道别，我觉得喉咙好像被什么庞然大物哽住了。

"别在这里说再见，"我向荷莉恳求，"送我们到停车场再说吧。"

蹒跚走到停车场，看着珊蒂和荷莉说最后几句话，我一点也不喜欢进行中的事。珊蒂紧搂着荷莉，像摇婴儿般轻轻地摇着我们18岁的女儿，好像想把握住她的小娃娃离去前的最后一刻。

我刻意保持距离，唯恐荷莉靠近，我会当场崩溃而出丑。"你有胆就别过来，"我在心里咕哝着，"给我站在那里。"

当然，这话一说完，荷莉就挣脱母亲的双臂，向我走来。她搂着我说："爸，我爱你。"

我紧抱着她，久久不放。她往后退，我不放手，我的自我防卫全部被攻破。

我开始呜呜咽咽地哭了起来。

荷莉惊讶地抬头看着我。"爸?"她张大了嘴。"怎么了? 我这辈子还没看你这样哭过!"

爱女儿

爱爸爸

我往下看，正好看到自己的眼泪掉到荷莉的"前胸"。说到在人生最敏感的时刻会想到什么，挺好笑的。这一回，我想到的是荷莉胸部的发育。一瞬间，我的思绪回到荷莉只有 10 岁大的时候，有一次我发现自己踩到一个东西。

我把它拣起来，目瞪口呆地看着。这乍看之下像是胸罩，于是我认定这是珊蒂的，但再仔细一看，对珊蒂来说又太小了。我既惊讶又十分好奇，将这玩意儿拿到角落，把珊蒂叫来，"亲爱的，这是什么？"

"那是荷莉的胸罩。"

我再看看这玩意儿，摇着头。"我的荷莉有胸罩？"然后咯咯地笑了起来。"这玩意儿看来好像有一天会长大，然后才变成胸罩。"

我在停车场牵着女儿的手，不住地想着，你不可能已经长大，你还是只有 10 岁。不，你只有 50 厘米高，而我才刚把你从医院带回家，打开暖气，每隔 10 分钟就检查一次你的呼吸。

不可以这样。我们得花更多时间在一起。我还没准备好礼拜六早上起床时，看不到你在吃早餐。而除了你，还有谁会吃巧克力泡芙呢？

接着，我的男性荷尔蒙开始作祟。当我们男人变得感情用事，激动地说不出话来时，往往会把自己封闭起来。

"荷莉，你该走了，"我说，把她的身体转过去，轻轻地推她一把。她笔直地走开，头也不回地离我远去。

"亲爱的荷莉，今晚打电话给我们！"我高呼。

荷莉举起手，有如一名警察挥手禁止记者的发问，最后消失在宿舍里，连一次也没有转身。

我看着珊蒂说道："我们离开这里吧。"我们一语不发开了 20 分钟的车，手握着手，边想心事，边感到难过。我的内心一直在呐喊，"李曼，回转，把那个女孩载出那里。别管什么大学不大学的，她属于家里。"

但我们的车子由不得我，继续朝北开，终于开回夏特歌湖 (Chautauqua Lake)。

那天晚上，我一心盼望荷莉的电话。当一声电话铃响打破寂静，我抢先跑去接电话。是打给克丽西的。

"只讲 5 分钟，"我告诉她。"荷莉会打来，我们可不想有人占线太久。"

当我不太理智的时候，克丽西看得出来，所以长话短说。我马上检查电话里有没有留言，以免荷莉在克丽西占线的时候打来。可是一个也没有。

我回到起居室等候。

"荷莉知道我会看晚间新闻，"我说，"或许她会等到新闻播完才打来。"

11 点半了。我再多等一会儿。

然后上床。

荷莉没有打来。

第二天，星期一，我很早就回到家。没错，荷莉昨晚是没打来，我心想，不过她今晚会打来的。我当过训导主任，很清楚自己不该打给她，但是，我真迫不急待她赶快打来啊。

我这辈子在此之前，还不曾期待过电话铃响，但那天晚上以

爱女儿 爱爸爸

及接下来的 6 天，没有什么声音比电话铃响更悦耳，也更令人难过。电话铃的确是响了，可是荷莉一次也没有打来。

第二个礼拜天（我们送她走 7 天后）荷莉终于打电话来了。我很兴奋，但告诉自己要冷静，免得把她吓跑。反倒是让她天南地北地谈迎新周、校园，还有匹兹堡有多么美。聊到最后，她变得有点哀伤。我终于按捺不住。

"荷莉，"我说，"我要问你一个问题。上个礼拜天，当你离去的时候，在想些什么？"

"老爸，"她说（我立刻注意到她不是叫我爸）"你竟然会提到这件事，真有趣，因为我这整个礼拜也都在想这件事。当时我心里在想，嗯，爸妈的确顺利地把我养大，现在轮到我去做了。"

现在轮到我了。父亲的责任就是这么一回事，把棒子交给我们的孩子，轮到他们了。我所能达到的最大成就，就是为下一代做好准备，让他们有能力接管他们自己的世界。我过去为荷莉所做的牺牲，在那一刻，和她的成长相比，已显得微不足道。

几天后，我接到荷莉写来的信。因为我知道自己不可能在研讨会中若无其事地读这封信，干脆把信附在本书中。

爸：

我不愿意向你说再见。我以前并不知道我们俩要说再见会这么难，尤其是对你而言。我真的好想念你，爸。好奇怪，过去这两个礼拜我觉得比以前更亲近你，只因为我知道你将会想念我。

我最想念的是起床后和你一起看报纸。我好爱你完全属于我的这一刻：在清晨，和你一起坐着看报纸、一起讨论。我真的好喜欢你在我开口之前，就先把《时代》、《艾比夫人信箱》递给我。我敢说，你在洗澡的时候我不小心闯进浴室的事，也会令你怀念。

谢谢你的一切鼓励，爸。每当我感到气馁，就会想到你每次想放弃，最后总会坚持下去。我以你为荣，也为你的所有成就感到骄傲。

爸，我好爱你。你是世上最好的爸爸！谢谢你给我的教导。

千万别忘了你对我有多重要。

我爱你！

荷莉

过了几年，我在一场荷莉碰巧参加的研讨会中谈到她这次和我离别的故事。会后，荷莉走到我身旁，说："你知道吗？你的故事遗漏了一点。"

"哪一点？"

"你知道我为什么没有转身吗？"

"不知道。为什么呢？"

"因为我在哭，而我不想让你知道我会怕。"

荷莉知道我们爱她。她知道我们给了她一个好的开始。现在，她要我以她为荣。她不想让我知道她会怕，因为她知道是到了自己走出去的时候了。

荷莉当时或许会怕，但她做得很好。她在大一那年加入返校

第二章　那个男人很重要

爱女儿　爱爸爸

会（home coming court），大四时当上返校会皇后。如果我先前给你一个印象，以为我是个几乎完美无缺的父亲，让我告诉你当荷莉在葛洛夫市立学院戴上后冠时我所犯的一个错吧。

早在得知荷莉当上皇后候选人很久以前，我就已经和兰迪·卡尔森（Randy Carlson）一起接受了"父母开讲"节目举行的一场座谈会的邀约。

等荷莉进入决赛，我告诉兰迪："嘿，我得提早离开座谈会，以便参加葛洛夫市立学院的返校庆典。荷莉竞选皇后，像这样的一所小学校，会大肆庆祝一番。游行、返校游戏、舞蹈等等。我不能错过。"

兰迪了解我的感受，但已经有好几百人报名参加我们的座谈会，我们两人理当从头到尾参与。"我怎能告诉他们你只有第一天会到？"他问。

我不再坚持，应该信守原先答应人家的事。

荷莉后来摘下后冠，而我却不在现场与她一起分享这项殊荣。

我真希望当时说："不管怎样，我都要提早离开，"但是我没有这么说。

我知道荷莉希望我这么做。

我的确为这项殊誉以及她所做的其他一切感到骄傲。她毕业的时候，至少有六个工作机会等着她。她现在在我们地方上一所高中担任英文科主任。在属于她的舞台上，她充分发挥了自己的才能。

现在已经轮到我的女儿和儿子了，我庆幸自己给了他们一个好的开始，这比任何其他事情更令我感到骄傲。我不必证明自己很重要，只要朝正确的方向看，马上就可以看出自己的确很重要。

最后的叮咛

这件事除了不假思索地说出来，我不知道还能怎么说，那么请听好：我的妻子是个美女。男士们，她要是走进这个房间，你一定会注意到她。

而且会注意两次。

这意思就是，每当她站在我身边，男人一定会把目光从我身上移到她身上，再从她身上移回我身上，而我可以读出他们的脑袋瓜在想些什么：瞧他那副德性，是怎么把那样的女人弄到手的？

我不确定男人是否会因为长大成熟，而不再需要女人非要他不可。不过，我们经常将重点放在一些不正当的地方，希望女人因此而需要我们。

我们以为如果钱赚得够多，女人就会要我们。而且你知道吗？是会有女人要我们，那些重物质享受的女人。或者我们梦想活到55 岁还有 25 岁小伙子那种腹部和胸膛，就会得到女人的青睐。但只有肤浅的女人会在意这种事。

如果女人是因为我们的个性而欣赏我们，会有意义得多。我实在数不清有多少女士在听完我的演讲后，走到我身边，泪流满面，悄然地说："真希望你是我爸。"她们往往是成年人。从来没有人梦想我当她们的丈夫（我又不是什么帅哥），但天啊，她们愿意回到从前，认我当爸爸。

流行歌曲《蝴蝶之吻》（*Butterfly Kisses*）的作词兼录音鲍

爱女儿

爱爸爸

伯·卡里瑟（Bob Carlisle）有同样的经验。在他所著的同名的书中，他写到："我收到许多年轻女孩的信，企图说服我娶她们的母亲。这本来惹得我窃笑不已，因为实在好可爱，后来才搞清楚她们并不是想为母亲谱一段恋曲，而是自己想要有一个像那首歌所描述的爸爸。我觉得很好笑。"[3]

这说明了女人内心对父亲的渴望有多么深。这并不只是出于感性的愿望。赖利博士（Dr. Kimberlyn Rachael Anne Leary）的博士论文研究父亲对青春期女儿的影响。就算父亲看来冷漠而不关心，在青春期女儿的眼中，父亲还是"有巨人般的身影"，而且对她生活的"心理层面造成重大影响"。[4]

在我的葬礼上，我只想看到两件事。第一件，哭声不绝于耳，最好是哀恸的哭。让全镇听到至少有少数几个人因为李曼小子魂归西天、再也不会回来而伤心难过。

第二件，我希望妻子会说我是个好丈夫、好父亲。

不要拿我的书当作陪葬。大声地哭吧，也别把我的文凭放进棺木。把我挚爱的人的回忆和我一起入土吧。让我继续活在女儿眼中的光彩，及儿子细心培养出来的自信中。

我不需要超级杯的观众，不需要 50 年的古董表，不需要庞大的公文包。我只要家人怀念我，孩子记得我，妻子需要我、尊重我。

如果这些都能实现，我就知道自己很重要——而且永远也不在乎世上其他人怎么想。

注释

[1] 麦可·米纳德，"Someone Saw You Yesterday, Dad!" *Today's Father*，第 4 册第 1 号，A4。

[2] Gordon Forbes, "Workaholic Coach..." *USA Today*，1999 年 1 月 15 日。

[3] 鲍伯·卡里瑟，"蝴蝶之吻"（Nashville：J. Countryman, 1997），经授权转载。

[4] 赖利博士，"The Daughter's Experience of Her Fahter During the Transition to Young Adulthood"，密西根大学博士论文，1988 年。

第二章　那个男人很重要

爱女儿

爱爸爸

第三章 床笫之间的新义

　　26 岁的梅莉萨刚度完蜜月回来，西雅图沐浴在夏日的暖阳中。她尽力控制住自己不要给丈夫打电话，到了下午一点，终于还是忍不住了。

　　"嗨，葛利格，回来！"她说。

　　"怎么了？"葛利格问到。"发生了什么事吗？"

　　"没有啊，只是天气这么好……"

　　"所以？"

　　"我们不应该白白糟蹋了。我们应该去散步。"

　　"散步？"

　　"是啊。"

　　"嘿，醒醒吧，梅莉萨，我才开始手边的工作。现在才一点。我可不能只因为太阳出来就开溜！"

　　"为什么不可以呢？我的意思是，如果现在比订婚时更难得看到你，我干嘛要结婚？"

　　这段谈话背后的原因到底是什么？梅莉萨为什么竟然会想到

要打这个电话？葛利格为什么就不能认真考虑她的建议？

梅莉萨在 5 个孩子中排行老么。她的父亲当拍卖人，拥有自己的事业，除了周三晚上举行的拍卖会要负起重责大任，其他时候可以完全掌控自己的时间。天气要是出奇的好（这在西雅图一带可不会天天发生）他往往会在下午休个假，和妻子及两个小女儿共度。

梅莉萨将一本不成文的"规则手册"带进她的婚姻，而其中的一个规则，就是丈夫可以随自己的意思在任何时候休假。

你以为夫妻在步入礼堂之前，会交换彼此的规则手册，但其实很少有人会这么做。大多数的情侣根本不知道规则手册的存在，直到他们成立了新的家庭，因争执垃圾桶应该放在水槽下面还是门口，最后演变成第三次世界大战时，这才恍然大悟。

你才一走到地毯的那一端，差不多就在你挑出来宾撒在你头发上的最后一颗米粒的同时，现实就翩然而至。而且，猜猜看会怎样？你的丈夫频频犯规！

梅莉萨活在她自己编织的幻想中。她认定 28 岁当雇员的丈夫会和一个 55 岁的小企业主享有同样的自由。她必须学习婚姻生活和约会不一样。婚后，卡车会将一车的责任倾倒在夫妻家门前：还清贷款、购买杂货、成立自己的小家庭。想要在过渡期，风雨交加的海域中顺利航行，夫妻必须换一本适用于他们现况的规则手册。

当你明白你们的床第之间住的不只两个人，这点就难上加难了。

爱女儿 爱爸爸

一张拥挤的床

两个人结婚至少将 6 个人聚在一起——新郎、新娘，再加上双方的父母。如果双方父母有再婚的纪录，人数可能增加到 10 个以上，视再婚的次数而定。这群人实际上并没有住在同一个屋檐下，但他们对人生的前提和假设、价值观、优先权会枊互起冲突——就算其中一人或多人已经过世。

夫妻如果忽略童年的影响，会有危险。两个人都将一本规则手册带进他们的人生和婚姻，规则越多、不相互配合的配偶犯规的可能性就越大。有一个简单的方法可以帮助夫妻了解并评估原以为理所当然的规则手册，这个方法称为生活型态分析。生活型态分析之所以会有帮助，在于女儿的规则手册的内容，受到父亲的影响最大。如果女儿不学着评估承传自父亲的规则手册，或是丈夫不学着了解岳父传给妻子的规则手册，这对夫妻睡的那张床的确会太挤。

我自己刚结婚时，也必须做个生活型态分析。

"凯文，那不是新月形扳手，"妻子责备我，"那是活动扳手。我需要 0.8 厘米宽的。"

珊蒂的父亲手很巧。我结婚以后，花了大约 5 年的时间，大费周章地背工具的名称，才有办法知道该拿什么给珊蒂。修东西的时候，我总是笨手笨脚的。

一开始，这是个问题。珊蒂很快地认定如果什么东西无法用绝缘胶布修好，是我没有用。

大多数的妻子会认为这是罢工。你犯规了，老公，当丈夫的人要会修东西才对。再罢工两次你就出局。妻子期待丈夫能发挥和她生命中的重要男人——她的好老爸一样的作用。当事情与她的期待不符，对她是一大打击。

我很想帮助有这些误会的夫妻，于是发明了一套方法来指导他们做生活型态分析。首先，我们要调查妻子在家中的排行。女儿过去为什么和父亲有这样的关系，马上可以从这里找到线索。接下来，请她对父母做个描述，从中找出女儿的思想中一些牢不可破的基本假设。然后再请她对兄弟姐妹做个扼要的描述。

在分析的过程中，我会请这位女士回忆一些童年往事。梅莉萨最喜欢回忆的一件事，就是6岁生日那天父亲带她去买东西。就她记忆所及，和父亲独处就只有这么一回。虽然她的母亲后来得把他们买的东西通通拿去退还（没有一样能用），但是，当梅莉萨在叙述这趟购物之旅时，双眼还是炯炯发光。她甚至可以告诉你那天午餐吃了什么（热狗、牛奶，还有圣代），并详述这趟20年前的旅行每1分钟所发生的细节。

有趣的是，虽然这是一个难得的事件（事实上根本就是一件简单的事件），却让梅莉萨念念不忘。这个回忆使她对男人可以、也应该发挥的功能有了一定的想法。

生活型态分析并不需要花很长的时间。在我的办公室，往往20分钟就可以完成。在研讨会中，我会花8分钟的时间来做分析。我面对一大群人演讲时，我喜欢来点乐子。我会请一位女士讲她的童年回忆，在她讲的同时，我会背着她写下她的丈夫的特征。等她讲完以后，我把黑板转过来，让观众看到我写的东西，但这位女士还是看不到。然后，我会请她描述自己的丈夫。观众会很

爱女儿 爱爸爸

39

讶异，就好像她正照着我在黑板上写的东西念似的。

我是怎么做到的？女儿往往会记得那些符合她的人生观的事情。比如说，排行在前面的孩子往往会扯出负面的回忆（"我惹麻烦"、"我的膝盖擦伤"、"我从脚踏车上摔下来"）排行在后面的孩子会有比较快乐好玩的回忆（我记得4岁那年的圣诞节到楼下拆礼物，得到一直想要的芭比娃娃）。注意，我们在这里谈的是相当健全的家庭，异常的家庭会彻底影响一个人的回忆。

梅莉萨之所以会记得她和父亲的那次购物之旅，是因为这符合她的人生观。就算和父亲（单独）出去并不是常有的事，但她相信男人可以（而且应该）在她方便的时候陪她。她找了一个自认为具有这种特质的男人当丈夫，但双方的关系开始紧张起来，因为一位年轻女子和一位年轻男子对彼此的认识错得离谱。他们对配偶的认识，往往不像自己以为的那么清楚。

当然并不是每个人都有机会和心理学家一起坐下来做生活型态分析。那么，让我们扼要地谈谈如何描绘你自己的人生地图，开始重写你自己的父亲与女儿之间的规则手册吧。

男士们，我会鼓励你们和妻子一起阅读这一章。这一章不但能帮助你更清楚如何调教出健全的女儿，也能使你更了解妻子和她父亲的关系如何影响你们的婚姻。

描绘你自己的人生地图

我要给你一个小小的作业。拿一张纸，最上头写出母亲这两个字。用寥寥数语描述你母亲的个性。不必担心，你不必拿给她看，所以大可老老实实地写。这个时段并不是在描述你理想中的父母（这一点我们稍后再做），而是你真正的父母。

这个练习可以帮助你从比较客观的角度来看待你们母子关系。你可以利用这个练习，问你自己："和母亲之间良好的关系，令我受害，还是受益（这和父女关系的牵制类似）？"

你也可以利用这个练习来评估自己和父亲的关系，然后是你自己和子女的关系。你自己和女儿的关系有什么特征？你认为她从你对待她的方式学到怎样的人生观以及对男人的看法？你会肯定她，还是否定她？

我想自己起码对一个女儿做得相当好。克丽西在结婚前不久，写了一张短信给我："我之所以成为今天的我，是你造成的。"如果你的女儿写这样的东西给你，会是控诉还是肯定？写的时候是心中有爱还是满怀怨恨？做这个练习就好像在做健康检查，你不过是想确定和女儿之间的关系一切正常罢了。

男士们，请明白这一点：你的太太是某人的女儿（你不妨请她做同样的练习，分析她自己和父亲的关系）。因此，她之所以成为今天的她，是后天学来的。与妻子、儿女相处时，了解这一点会有帮助。如果你太太的父亲喜欢批评，做了生活型态分析后，可能可以帮助她说出这样的话："有关自己的成长过程，我过去对自己撒了谎。我现在终于明白在父亲眼中，我永远都不够好。我这辈子做得那么好，但就算有卓越的表现，我仍然会被一个东西打得头破血流。现在，我可以说：'喔，是的，只要爸爸在，我什么都不够好。我连洗车的方法都不对。'他有时间陪哥哥，却从来没有陪过我。"

有了这层认识，你的太太现在可以排解自卑感。她需要重写她的规则手册，以便用不同的方式来和你——她的丈夫互动。

或许你娶了"爸爸的小公主"。她或许被父亲宠坏了，而你现在可以看出她有点优柔寡断。她可能已经养成一个根深蒂固的想法：我可以操纵一个男人，向他予取予求。你要是娶了这种心态的女人，会常有被践踏的感觉。她可能会采取眼泪、装病，甚至使性子等手段来达到她的目的，而你会注意到她总是能达到她的目的。夫妻双方都要下很大的工夫，才能够忍受这种互动模式所造成的伤害。"小公主"必须学习妥协，当丈夫的好同事，不要当个暴君。

一旦弄清楚父母亲对你的影响，最后再来探究兄弟姐妹的影响，这会有帮助。他们对你以及对你的妻子的影响远超过你的理解。

兄弟姐妹的角色

你认为比尔·盖茨是老大还是排行较后面？观察力敏锐的人可以猜出正确的答案：他在三个孩子中排行中间。

"一听说比尔·盖茨在哈佛念到大二的时候不顾父母的反对而辍学，我就知道他不是老大，"麻省理工学院"科学、科技、社会计划"的研究学者法兰克·苏洛威（Frank Sulloway）告诉《富比士》杂志。"老大绝不会这么做。他会坚持到底，拿到学位，让父母高兴。"

一个会向父亲挑战的人，也会想和实业界的龙头 IBM 一争高下，而且还赢了，这并不难理解。老大可能会冒险，但会小心翼翼地盘算。而排行中间的孩子在冒险时，孤注一掷的可能性大得多，就算和父亲远离也在所不惜。

你在家中的排行，左右了你和你一生中最具影响力的人之间的关系。在填写你的人生地图时，务必要考虑到兄弟姐妹的影响。照着对父母的分析法来分析兄弟姐妹，拿另一张纸按照排行对每一位加以描述，包括你自己在内。

写完后，回到老大这里，"倾听"他的声音（就算老大是你也照做不误）。用几个字来描述老大在父亲面前的处境。

嗯，她很聪明又很负责任。你可能会这么想。

我要是你，大概会说："她总是不愠不火，对不对？总是很负责。很会照顾别人，总是在付出，从不占人家便宜；不管爸爸要什么，她总是第一个努力设法把这东西给他。"

"你怎么会知道？"

"总是如此。"我可以明确地告诉你，这种女儿可能会嫁给怎样的人（虽然我不会老是把这话挂在嘴边）她要是不小心，会嫁给一个一败涂地、需要被照顾的人。

"现在告诉我下一个，"我会继续问下去。

"他是个叛徒，骑摩托车，吸毒。"

"那还不容易，我们就管他叫叛徒。那么老三呢？"

"我姐姐？她非常虔诚。"

"圣女。"

"没错！"

"很好，我们在她旁边注明圣女。那你呢？"

"喜欢户外活动，运动细胞很发达。"

爱女儿

爱爸爸

　　不管你在家中排行老几，你可以开始了解自己为什么会是这副德性。圣女知道叛徒的角色已经有人演了，如果想引起别人的注意，尤其是引起爸爸的注意，就得演点别的。叛徒（他无法和老大竞争）喜欢让爸爸失望（这样才能引人注目），圣女则要从不让父亲皱眉头才高兴。

　　在我们家，姐姐功课好得不得了，哥哥在足球队担任四分卫。还有我什么份？读书和运动都被订走了，我于是成为家里的活宝。我不确定自己能否让父亲感到骄傲，但我确定能让他开怀大笑。

　　手足会大大地改变我们，就算我们不太愿意承认这一点。连一些无聊至极的事也会受他们影响，包括喜欢看哪一类电影。

　　演讲时我喜欢提出这样的问题："这里有多少女士看过一部理应被评为四颗星，可是却只得到一颗半的电影——《义勇三奇侠》（*The Three Amigos*），而且可以坦承自己很喜欢？"

　　1200 人当中，有 6 位女士会举起手来。

　　"注意听我说，"我边说边走到听众席，来到第一位女士身边。

　　"告诉我，你在家排行老几？"

　　"老幺。"

　　"而且你有哥哥，对不对？"

　　"你怎么知道？"

　　"我们待会儿会谈到这一点。"

　　接着我走到下一位女士身边。"你在家排行老几？"

　　"中间。"

　　"有哥哥？"

　　"是的，没错。"

我会再找一位。她可能会出乎我意料。

"我是老大，没有弟弟，只有一个妹妹。"

"真的吗？能不能用少数几个字，告诉我你和父亲的关系怎样？"

"我可以用两个字来形容：很烂。"

然后我会告诉听众："我知道这听来有点奇怪。你们有人会因为一位够格的心理学家竟然会提到'义勇三奇侠'而失望，更甭说是喜欢这部电影了，但请听我解释：'义勇三奇侠'从头到尾专演给男人看。我第一次看的时候简直快被笑死了。然后我看一下妻子，她两手交叉在胸前，狠狠地看着我，那目光就好像在对我吼：'我真不相信你看到这个竟然会笑。'只要看看一位妇女对那部电影的反应如何，我就可以判断出她与一般男士相处时有多自在。"

我知道喜欢这部电影的女性，通常都有哥哥，因为有哥哥的女性，男性感兴趣的东西，她们也会自然而然地受到吸引。这不但足以说明她能和一个男人亲热，也意味着她喜欢被男人包围。有时她甚至宁可和男人为伍，也不要泡在女人堆里。

如果你和这样的女人结婚，你可能会觉得别人的太太在社交场合会和女人在一起，你太太却被一群男人包围，而且他们都笑哈哈，玩得很开心。这并不表示你太太不端庄，这意味着她可能在男人堆中长大，只不过是偏好和男人在一起罢了。

别忘了：你的父亲和你太太的父亲都是男人。这并不值得大惊小怪，但一个女人在男人堆中越是自在，和父亲相处时也就越自在（日后与丈夫相处时亦然）。她很可能喜欢和父亲一起去钓鱼

第三章 床笫之间的新义

爱女儿 爱爸爸

或打猎，因此，父亲如果想肯定她，想使父女有更加良性的互动，也会比较容易。

我有几次受邀上"今天"这个节目。有一次，我在不知道主持人凯蒂·库瑞克（Katie Couric）的背景之下，在摄影棚内告诉她："让我猜猜看，凯蒂，你们家至少有三个孩子排行在你前面，而且我猜你一定有哥哥。"

我猜对了。凯蒂很惊讶。但是你如果看过她如何与男人相处，那是显而易见的。凯蒂在访问男人的时候，是那么自在。她很会和男人你一句、我一句地相互调侃，有时还会把手伸出去放在他们的手臂上，以示鼓励。

生活型态分析的目的并不是让你原谅自己或赢得争论，而是让你了解你对事情的真正感觉，以及为什么会有这样的感觉。如果你不能确定什么东西对你最重要，就不能建立成功的婚姻。

这项分析还可以帮助你了解你为什么会以这个模式和异性相处，也让你洞悉另一半为什么会有那些反应。你要是清楚自己对另一半的期待是什么，就能将这些期待表达出来，再加以修订或是丢弃。至少你不会受制于自己的期待。

大多数的夫妻都应该更加努力将焦点放在他们对婚姻状况的感受上。否则，他们会经常莫名其妙地感到沮丧，永远也不知道为什么。他们不断将不满埋藏在内心，直到有一天终于爆发，演变成婚外情、激烈的争执，或是其他具杀伤力的行为。

或许你很讨厌你母亲或父亲，或许你深爱他们，或许你一想到他们就感到自卑。你可能百感交集，但不管你喜不喜欢，事情的真相就是：你父母已对你造成深远的影响。不论你的反应是基

于爱还是反叛的心态，你的反应会为你这个人定型。除非你知道
自己为什么做出这样的反应，你的父母，尤其是你的母亲如何影
响你，有可能他们将会继续掌控你，不管结局是好是坏。

注释

[1]   Rita Koselka 与 Carrie Shook 合著， "Born to Rebel? Or Born to
       Conserve,"《富比士》杂志，1997 年 3 月第 10 期。

第三章 床笫之间的新义

爱女儿

爱爸爸

第四章　爸爸注意力缺陷障碍

5 岁的佩佩和家人去郊游时走失了，当时身上只穿着紧身裤和运动鞋。少了外套，使她难以抵御新英格兰荒地恶劣的天气。在这痛苦难捱的八天当中，四百名救难队员在白山国家公园到处寻找她的踪影。在这期间，佩佩仅靠山涧流出的微量溪水维生。当她终于被寻获、躺在父亲怀里时，第一句话是："爸爸，我一直在等你。"

你的女儿或许不曾在森林中走失，但是她每天都以种种其他方式等你来找她。一个小女孩会不断地用言语或行动来问你，我对你到底有多重要？

多年前的某一天，克丽西和我在亚利桑那土桑村庄旅馆的附设餐厅共进早餐。一个男人走到我身边说："哇，你是李曼博士，是吧？"

"是的。"

他看起来非常急切，我怕自己可能欠他钱或什么的。

"这真是太棒了"，他说。"我正在找人为我们在 5 月 16 号举行的男士退休会演讲。"

这话才说完，我的胫骨猛然被踢了一下，这一踢是在桌子底下偷偷进行，虽然谨慎，但力道十足（6月16日碰巧是克丽西的生日）。

我认为理应对这个男人有礼貌、不插嘴。他叽叽喳喳说个不停，说什么他们必须找到最好的人选去演讲，而他相信那个人就是我。他还提到他们愿意付一笔可观的酬劳。他还没说完，我又猛然被踢了一下。我从前并不知道克丽西的脚力那么强劲。

"谢谢你想到我。那一天碰巧是我女儿的生日。"

我听到桌子另一头传来一声叹息。克丽西借着这两踢来告诉我："爸爸，我在等你。"

很可惜，许多家庭的父亲从来就不露脸。他可能并没有做出像和妻子离婚或是抛弃子女这么激烈、这么具杀伤力的事情来，他只是从来不把心放在女儿身上。

这造成了一个症候群，我称之为"爸爸注意力缺陷障碍"（Daddy Attention Deficit Disorder），简称"爹的"（DADD）。在你的小女儿看来，这个世界仿佛是一片荒野，她在里头感到迷失，等着你露脸，帮助她走出来。

不过这里有个陷阱：父亲应该学习教导女儿怎么走出荒野，而不是亲自带她走出来。你可能会以为不关心女儿很糟糕··于是走到另一个极端，每件事都帮她做，把她照顾得太过周到。

不幸的是，我们将会发现这也很危险。

太过或不及

虽然父亲尽职的程度不一而足，为了简单说明起见，我们只看两个极端："太过"的父亲以及"不及"的父亲。

太过的父亲

"爸！"16岁的克丽西费劲地在一片嘈杂声中和我说话。"你要我几点回家？球赛刚结束，我们要到外面吃比萨。"

"我信任你，亲爱的，"我说。"只要适当的时候回来就好了。"

"那是几点？"

"你知道什么是适当的时候。"

我在她继续发问前就把电话挂上了。

10分钟后，克丽西再度打来。"爸，我们现在在比萨店。客人很多，可是篮球队还没到。我应该几点回家？"

"我有两个叫克丽西的女儿吗？"我问，"还是我们才刚谈过这个话题啊？"

"少来了，爸。"

"我告诉过你了，在适当的时候回来。你知道什么是适当的时候。"

"可是爸……"

咔。

才过了几秒钟，电话又响了。

"爸，别挂断……"

"哪一位？"

"是克丽西，爸。"

"哦，是我那位 16 岁的女儿，她已经够成熟，知道在特定的情况下，什么时间回家适当，什么时间回家不适当。"

电话另一头传来一声长叹。一个小时后，克丽西回到家。

孩子有时候会拒绝长大。女儿开始自己做决定这个过程，可能会让她觉得很痛苦，有些父亲太过热心，不断延后这个过程，直到女儿的周遭已没有任何危险，才说："马莎，你现在 60 岁，是开始处理自己事情的时候了。"

太过的父亲会扼杀他的女儿。他对小女儿未来会变成什么样子心里有数，把她调教得像只海狗，只要爸爸拿出一小块鱼饵，就会拍拍手。这造成她老是巴望能得到爸爸的认可，几乎没什么自信。

太过的父亲不给孩子机会去发展自己潜在的能力。她变得过度依赖父亲，永远无法完全挣脱父亲的捆绑。婚后她不能当个成熟的伴侣，反而让丈夫觉得多了一个孩子要照顾。

养育子女过了头有以下几个特征。太过的父亲不会帮助女儿形成自己的意见，反而会痛骂任何与他相左的点子；太过的父亲不会鼓励女儿负起责任，反而鼓励她依赖成性；太过的父亲不会教导女儿发挥优点与能力，反而胡乱批评、过分溺爱，致使她不相信自己有任何优点或长处；太过的父亲不让女儿为家庭贡献一己之力，反而会让她觉得自己像个寄生虫，这很悲哀。孩子如果没有机会回馈家人，就无法培养出归属感。孩子如果有归属感，就能有效地预防她惹上吸毒、饮食失调、未婚怀孕、入狱等麻烦。

如果没有归属感，就没有定性，没有定性，难免就会交上坏朋友。

养育子女过了头的长期影响同样悲哀。一项研究发现成年妇女歇斯底里的成因，可能是因为有一位支配欲强、排斥她的父亲，而歇斯底里会导致莫名其妙的怒火、依赖性、无助感，以及以自杀作为要挟来操纵他人的倾向。根据这位研究人员的说法，具有这种特质的妇女"在家中往往占有特殊的地位"，而且"自己学到一套操纵父母的方法"。成年以后，这些女性继续当个"焦虑不安、不快乐的小女孩，想找个强悍、理想化、能像父亲一样照顾她的人当老公。"[2]

养育子女的责任，涉及亲子之间的关系，因此具有阶段性。等到女儿结婚时，父亲的角色会产生剧变。不过，我们的角色和关系早在女儿出生时，就开始逐渐改变。每一天、每一周、每一年，我都会让她们比过去更加独立自主，并赋予她们更多的责任。而当察觉到某个女儿开始变得太过依赖时，我就会后退。

我清楚地记得荷莉刚和某个男孩子约会时的情形。我第一次见到他就很警觉。他看来太过温吞，好像是为了迎合我的品味刻意包装似的，我觉得他的生活有严重的问题，必须坦然面对。

我让荷莉知道我的直觉反应，不过依然欢迎她的新朋友到我们家来。几个月后，荷莉重新评估这段感情。她已看出我起初怀疑的问题，可是因为两个人已经在一起一段时间，她无法确定是不是要分手。

最后，我们开车去兜风，荷莉哽咽地说："如果你告诉我别嫁给这个人，我就不会嫁给他。我太困惑了，但我信任你。"

我浑身颤抖，但我知道得小心翼翼地处理这件事。于是说到：

"我会对你说实话，荷莉。我想凭你的优点和他的优点，你们俩可以渡过难关的，不过你要是嫁给一个问题比他少的人，将会好过得多。"

我不愿意斩钉截铁地向她说不，但也表达了我的忧心。是荷莉在做决定，而她终于做了明智的决定，终束这段感情。不过，因为是她自己下的决定，因此她愿意容忍。这并没有使她变得更依赖，而是更坚强。

不管管过头到怎样的地步，太过的父亲到头来终会发现这不管用。孩子总会长大的。父亲如果想让女儿有个平顺的人生，就有必要教她如何自己一个人去应付。

不及的父亲

家里起冲突的时候，你是否不肯放下报纸，不想卷入家人的生活和冲突，只顾着大叫："马莎！孩子在打架！你能不能管一管啊？"女儿最要好的朋友是谁，你是否毫无概念？你女儿是否觉得必须做点过火的事（好比违规或惹是生非）才能引起你的注意？你可能认为她真是麻烦，但从头到尾，她只不过是在高喊："爸爸，请注意我！"

以上的问题只要有任何一题答是，你可能就是个不及的父亲。忙碌紧张、需要养家、人会疲倦、体力有限，这些往往造成父亲严重忽略自己的孩子，他的女儿会成为"爹的"（DADD）症候群的受害者。

老爸们，假设有个陌生人一天晚上来到你家，说："嗨，我的孩子很喜欢你停在车道上的那辆福特汽车。能不能借我开去兜兜

爱女儿

爱爸爸

风？我明天早上就归还，保证还是跟新的一样。"

你们可有任何人会说："等一下，我去拿钥匙。"当然不会！可是我却遇过一些父亲，非常大方地"出借"他们的孩子，让孩子到不认识的人家家里过夜。

你不肯出借车子，但出借孩子，嘿，为什么不可以？

这就是不及，把车子看得比孩子还宝贝。我们这个"开明"的文化为养育子女不周到的家庭开展了一项服务业。好比说，这位父亲连做梦也不会想到要出借爱车一整夜，但是如果一个陌生人每天花 8～10 个小时的时间，和他的孩子一起待在狗窝般的地方，他却无所谓。人们不喜欢我把托儿所形容为"狗窝"，不过许多托儿所真的就像个狗窝。你在挑孩子的妈——你的太太时，可能会很小心，你会找个慈爱、聪慧、能干、可靠的女人当太太。

但请你告诉我：你把孩子送去的托儿所的工作人员叫什么来着？你花过多少时间和他们相处？他们所展现出来，再传授给你的孩子的，是哪门子的聪明才智？他们对卫生保健有多关心？这些问题你如果不能立刻回答，就有沦为不及的父亲的危险。事实上，托儿所人事异动的比例高得吓人，因此，想长期掌握这些资料几乎不可能。

不及的父亲不会以孩子为优先。连难得在家的时间，心思往往也会飞到别的地方。孩子如果想跟在他们后面，欢迎，但他们不会花什么力气进入孩子的世界。他们不知道孩子听什么音乐，看什么电视节目，或是怎样消磨下午的时光。他们所关心的，似乎只是孩子有没有"守规矩"（也就是孩子不会惹事或制造骚动，以免消耗掉他丝毫宝贵的精力）。

孩子得到的关爱要是太少（"爹的"症候群的受害者），对父亲的疏远的反应，很可能就是事业上有辉煌的成就，但另一方面，人际关系却是一团糟。他们知道成功的秘诀，却不知道与人相处之道。结果呢，不是生意做得很好，就是练就一身好技艺，名声响亮。然而，鞭策他们日夜奔波的动力，是害怕自己要是不能不断成就一些东西，就会一文不值。

换句话说，他们的自尊心荡然无存。我们已经证实自尊心与父爱有关。一项研究发现，女儿的自尊心与父亲无条件的关爱息息相关，但和母亲的关爱则比较没什么关系。在加拿大所做的一项研究发现，父亲对女儿建立胜任感、自尊心、人生目标，甚至性别认同都非常重要。

不及的父亲要了解自己正在践踏孩子的感情、残害与孩子的关系。满脑子只想成功好让自己觉得好过的女人，可能买得起大房子，可是她们寻寻觅觅的幸福，一定会和她们擦身而过。她们将发现自己无法与人建立亲密的关系，因为感情的基础是接纳、忠实、信任、亲密，而不是表演。不幸的是，成就非凡的人很难浇熄自己的表演欲。女人整天在办公室忙得筋疲力尽，回到家以后，一定也会继续努力，以得到家人的认可，不可能说停就停。

中庸的父亲

1976 年，芬兰选手威伦（Lasse Viren）成为第一位连续两届在奥运会中赢得 5000 米和 10000 米赛跑金牌的男子，在奥运史上永垂不朽。完成这项惊人的成就之后，他的教练决定让他打破扎托佩克（Emil Zatopek）的纪录。扎托佩克 20 世纪初曾在赫尔辛

基奥运会中赢得三项长跑比赛的冠军——5000 米、10000 米以及马拉松。

但是有一个问题。威伦从来没有跑过马拉松，而奥运会可不是什么暖身运动。而且威伦已经疲惫不堪，这使得参赛更是难上加难。这位选手才在两项长跑比赛中跑赢来自世界各地的飞毛腿，现在又要参加马拉松赛？

尽管如此，蒙特利尔奥运会最后一天举行的马拉松，威伦还是参加了比赛。他排在 4 年前在慕尼黑夺得金牌的美国选手萧特（Frank Shorter）的正后方。

马拉松一鸣枪开赛，萧特立刻发现有人紧跟在他后面。威伦的教练知道为他们国家争光的选手从来没有跑过马拉松，更别说是跑赢过，于是想出一个策略。

"紧跟在萧特后面，"他告诉威伦。"他加速，你就加速，他放慢脚步，你就放慢脚步。"

威伦无法全程紧跟萧特，但是这个策略还是相当奏效。威伦第一次跑马拉松，就跑出第五名的佳绩。

养育儿女时，我们是孩子眼中的萧特。我们已经跑过。我们有丰富的人生阅历。我们知道该有怎样的期待。我们的孩子则是威伦——很有天分，前途看好，但是还没有跑过这么长的距离。参加这趟赛跑，他们唯一知道的方法，就是直接跟在我们后面。

这就是为什么父亲在养育子女时采取中庸之道会这么重要。孩子会跟随我们。我们在前面示范，帮他们调整人生的步伐。如果我们跑得太快，就会把他们远远抛在后头。如果我们跑得太慢，孩子调整步伐的能力就不会进步。

猜猜看孩子跑在太过的父亲后面会发生什么事？孩子必然会造反。那么不及的父亲呢？孩子还是会造反。这两种情形，在马拉松赛中不管是跑得太慢还是太快，如果我们示范的步伐错了，就会妨碍他们赢得比赛。

那么，来自土桑的智者，请告诉我怎么做才有效？

健全的父亲必须走在这两个极端中间。适当时，积极投入，但在过程中教导女儿建立自信和自尊。他是一个热心但尊重子女的家长，会给女儿机会回馈家人、为家里的事贡献一己之力。

让我们回到蛋糕的模拟。放任的父亲可能一点面粉也不放，专制的父亲则是放太多面粉。两者做出来的蛋糕都会很难吃。

我母亲过去常炖羊肉，蒙骗毫不起疑的家人，吃了之后却对味蕾造成一大伤害。停在纱门上的苍蝇会通力合作，修补纱门的破洞，以免有倒霉的同伴为了贪吃这道卑鄙的菜肴，而断送生命。

有些父亲在"烹调"女儿的时候，扑鼻而来的正是那股羊臊味。但幸好女儿终会长大成人，届时将有一些方法成为美食家——只要她愿意好好利用这些方法。然而，在她们学会烧出一手好菜之前，必须先知道过去的料理方式哪里出了差错。否则，父亲的影响将再度浮现，侵犯她与丈夫的生活。

你如果是个理想的父亲，就应当鼓励女儿去做生活型态分析，并趁她还没有在步入礼堂时说出"我愿意"三个字之前，就评估你自己教养子女的风格，否则，她很可能会嫁错老公。

爱女儿
爱爸爸

嫁错老公

民众对美国总统克林顿夫人希拉里一向有诸多揣测，尤其是在她丈夫的种种绯闻见报之后。克林顿后来证实这些报导至少有两件属实（一次和珍尼佛·傅劳尔斯有染，还和陆文斯基幽会过好几次），连支持克林顿政策的人，也会左思右想希拉里怎么受得了丈夫不忠这个公开的耻辱。我有一个惯例：除非是咨询过程亲眼见到的人，否则绝不妄加"诊察"，不过既然这个个案大家都已耳熟能详，倒是可以在这里提出几个令人玩味的因素。

希拉里的父亲是位呆板乏味、第二次世界大战型的父亲。他曾经在 40 年代训练军队作战，退伍后，经营一家绢印工厂。希拉里形容她的父亲是"一位自给自足、实事求是、意志坚定的小生意人"。[5]

但他不会肯定自己的孩子。有一件事充分说明了这一点：希拉里有一回带了一张全部甲等的成绩单回家。"父亲的评语是"，希拉里回忆到，"'哼，希拉里，你上的学校一定很好混。'"

希拉里在她所著的《全村之力》（*It Takes a Village to Raise a Child*）一书中提到："孩子要是没有父亲，或是父母离婚后在他们的人生中漂进漂出，他们就有如一条小船航行在波涛汹涌的海域中，摇摇欲坠。"[6]

她没有说出口却在不自觉示范的一点，就是：这条摇摇欲坠的小船，会在择偶时不由自主地驶进危险的港口，而在这段婚姻中得到的待遇和童年得到的待遇没什么两样。

身为心理学家，我发现几乎没有什么通则是百分之百正确的，但不幸的是，有一项通则可是一点也错不了：女人大都嫁错老公了。我见过许多女人被父亲吓坏了，于是她们做出一些对自己不利的事，好证明自己一文不值，就和父亲告诉她们的一样。

露西受到第一任丈夫的利用和虐待，不过还是为他生下两个孩子。离婚时丈夫对她就和过去一样恶劣，几乎没有留下什么给他们母子。

但她设法继续存活下来。她想办法让日子过下去，给孩子一个还算像样的家庭生活。当然，这么做意味着晚睡早起，直到把身体累垮。有时她觉得必须靠止痛药和咖啡才能捱过一天，但她终究还是捱过来了。

然后，她遇到第二个男人，照例也是个老头子。她暗想这个男人就像个爸爸，而她从小就没有爸爸，但她并不知道自己有这样的想法。她对他霸道的作风十分着迷，自己也说不出个所以然来。她用一些好得不得了的形容词来描述他的个性，好比：自信十足、条理分明等。

她之所以迷恋这个男人，是因为他拥有她所欠缺的一切。由于不曾有过一位对她有兴趣、关心她的爸爸（或是根本就没有爸爸），她从未培养出自尊心，而缺乏自尊心，就会缺乏自信和安全感。

她向朋友夸口说自己终于找到"真命天子"。没错，他有时可能"喝多了点"。是啊，他的工作经历也不怎么样。"可是他爱我，他真的爱我。"

问题是，她的第二个男人是个"大混蛋"，是头披着羊皮的

第四章 爸爸注意力缺陷障碍

爱女儿 爱爸爸

狼，知道怎么和异性约会，也知道怎么让女人嫁给他以后过得惨兮兮的。露西很快就明白，自己非但没有钓到一个梦寐以求慈父般的金龟婿，反而还得照顾一个问题重重的小男生。他爱喝两杯的问题演变成一发不可收拾的酗酒。他的工作纪录本来就不佳，后来更变本加厉，竟然期待下半辈子靠老婆的福利金度日。

她原本以为自己从福特汽车升级到凌志（Lexus）豪华轿车，但买到的其实还是同样老旧的福特汽车，只不过是重新油漆过罢了，要不了多久，她就会汰旧换新。等她走到人生尽头，她将会发现自己嫁了6个老公，但嫁来嫁去都是同样的人。有的头发多一点，有的身材瘦一点；但骨子里，每个人都一模一样。

坦白说，当个输家是露西自找的。说来既讽刺又可悲，她借此来强化她的自我形象：她不值得爱。否则，她会找一个善待她的男人，不是吗？起码，露西是这么告诉自己的。看不起女人的女人，必然会嫁给看不起女人的男人。

反讽的是，拥有一位强悍的父亲，女人才会看得起女人。子女会从父亲那边感受到自己值得爱，女儿尤其会这样。没有父亲或是不被父亲肯定的女人，通常会嫁给不像样的老公或是不会肯定太太的男人。

男士们，你们必须认真地看待一个事实：你们对女儿的轻忽（不管理由是什么）会诱使她们在选老公时铸成大错，赔上一生，也会深深影响她对待你孙子的模式。

这一章，我也鼓励已为人妻的女人阅读，因为女人对待儿子的方式，会受到她和父亲的关系的影响。男人必须了解这股力量，才能不偏不倚；女人必须了解这股力量，才能纠正家里的偏差。

教错孩子

　　17 岁的苏珊是个杰出的孩子，她是游泳健将，而且非常守规矩。在今天这个世界，擅长游泳并不能像在足球场上持球触地得分那样令人崇拜，但还是能带来一定程度的自尊和自信。苏珊在学校相当活跃，是个非常优秀的学生。要是有一天她开了一家公司，没有任何一个老师会感到讶异。

　　她引起我的注意，是因为她父母的关系。他们对女儿的不负责任和不道德让我感到无地自容。苏珊怀了交往多年男友的孩子。

　　当我和苏珊交谈的时候，立刻注意到一点。先前和她父亲谈话的时候，我已找到一些蛛丝马迹。他一开始拒绝和我谈。"又不是我怀孕！"他坚称："你干吗跟我谈？该改过自新的是她！"

　　我问苏珊，上次听到父亲说爱她是什么时候。她的脸色一片苍白。这个标致的年轻女孩双唇颤抖，看来像个小女生。

　　"我不记得听过这样的话"，她说。

　　"从来没听过？"我问。

　　苏珊摇摇头。

　　在我们谈话的过程中，我明白苏珊的男友和她一样渴望被爱。有意思的是，这个男孩大她约两岁。他们俩都努力让对方接纳，以弥补不被父母中异性那一方接纳的缺憾。

　　苏珊除了约会时的行为导致不幸（而且不检点）以外，其他一切都足以让父母感到骄傲。但这些年来，她饱受父亲的批评，对她的优点，他绝口不提，反倒不断提醒她的缺点。她有点邋遢，

成长过程中个头比其他孩子小，所以他们偶尔会拿这个来批评她。她不为自己辩护，只会默默承受。

苏珊从来就不曾达到父亲的标准，她后来之所以和那个年轻男孩过往甚密，原因在于他做了对苏珊很有意义的事：他会称赞她，肯定她。他让她觉得自己很特别，很重要，让她觉得他们相互属于对方。

父女关系有偏差，会对接下来好几代造成不良影响。女儿长大，当了妈妈，和自己孩子的关系也会有偏差（惊讶吗?）。如果这位妈妈过去老是被父亲批评，有一天她可能会领悟到不论儿子跳多高，都不够高，他的房间整理得不够整洁，他的礼貌不够周到，他在学校的功课不够好。

每次都要人家催的孩子，就是这样造成的。他会变成拖延高手，以保护自己，免得受到母亲的批评。其实拖延就是在防卫自我的感情。他宁可告诉自己："我若能做得比较好而能完成工作"，也不愿意冒着被母亲找碴的危险尽全力去做。

真是可悲！这个男孩可能有十个很好的优点，其他父母可能会在他母亲面前公开夸奖他，可是他母亲还是紧盯着孩子的二三个缺点。她儿子听到的，尽是这几个缺点。他在成长的过程中老是被批评，觉得受屈辱。猜猜看他会如何对待自己的子女？

有个办法可以改变：回想一下你是怎么分析自己和女儿的关系。你是否因为对她抱着太高的期待而有罪恶感？你是否会说："珍，你应该做这个，你可以做那个。"

承认你有这个问题。接下来练习对孩子说："我就是爱你原本的样子。"（借用比利·乔那首著名的歌曲的赔罪语）走出你的老样子，纠正因上一代的影响而变得好批评的倾向。写一些小纸条，提醒自己要称赞她、鼓励她。

接纳十分重要，被接纳是人类最基本的需要。孩子终将归属某个地方。问题不在于他们是否会归属某个地方，而在于他们会归属什么地方。如果孩子不喜欢认同自己家里的生活，就会往外发展。他们将归属一个球队、另一个家庭、帮派，或是女友，但他们终会归属某个地方。

如果你问我的每个孩子："谁是老爸的最爱？"他们准会告诉你安静一点，拉你到一旁，悄悄地说："别告诉别人，我敢说就是我。"他们通通以为自己是我的最爱，我可是下了一番工夫让他们一直这么认定的。克丽丝汀在结婚前几个月送我一本名为《蝴蝶之吻》（*Butterfly Kisses*）的书，主题是歌颂父亲对女儿的爱。她在签名后面加上"你的最爱！"

每个女儿在父亲心目中都占有一席之地。涵娜是爸爸的小花生，萝仁是爸爸的小松饼。有一回，我累了，叫萝仁小花生，马上招来她的严厉的纠正："我不是爸爸的小花生，我是爸爸的小松饼。"

她们就和执意取悦民众的美国士兵一样，执意防卫她们受宠的地位。当涵娜无意中听到我告诉别人萝仁有多棒时，我突然听到她大声清喉咙的声音："嗯哼！嗯哼！"我仔细盯着她瞧，只见我的四女挑起双眉，暗示我是到了加上这句话的时候了："啊，是啊，我还有另一个很棒的女儿，她叫做涵娜。"

每一个女儿都想得到爸爸的珍爱，在爸爸心目中享有特殊的地位，这就是我为什么由衷建议帮每个女儿取绰号的原因。我能送给未来的孙子最好的一个礼物，就是一个受到强烈肯定、有强

爱女儿

爱爸爸

烈归属感的母亲（也就是我的女儿）。

你的女儿将会变成这样吗

四十几岁的奥莉薇来参加我为单身男女开的研讨会。我问听众他们当中有谁过去的婚姻一团糟，她当众站起来。

"描述你父母当中的一位，奥莉薇"，我说。"我父亲是……"她变得沉默不语，一副痛苦的样子。眼看再这样下去，场面就太过尴尬，她改变话题："好吧，让我谈谈我的母亲。她很爱管别人，很有成就感，很霸道，盛气凌人。"

说完以后，她似乎已经做好准备，可以谈她的父亲了。"至于我爸呢，这么说吧，他真的是乱七八糟。他不常在家。"

"好的，"我在大家面前告诉她，"让我猜猜你的前夫。他嗑药、一败涂地、酗酒。"

"没错，博士"，奥莉薇笑了起来。"三点都猜对了。"

身为爸爸注意力缺陷障碍的受害者，又被支配欲强的母亲抚养长大，这样的家庭背景保证她一定会去找一只"受伤的鸽子"、一个她认为必须去保护的弱者当丈夫。因为她的"蛋糕"遗漏了重要的材料：爸爸的肯定、接纳、陪伴，她被迫借着事业上的成就以及照顾他人来证明自己的价值。她选择在加护病房当护士，这并不令我感到惊讶。

你的健康如果出现危急的状况，你会想让奥莉薇这种人照顾——脑筋动得快、干练、善解人意、可靠。可是职业上的卓越表现，并不能医治她那颗因嫁错老公而受伤的心。

男士们，我知道你们深爱自己的小女儿，否则也不会花时间看这样的一本书。有一天，你们那个小女儿将带着你们给她的一切（或是没有给她的一切）迈开脚步，展开自己的人生。她对婚姻的满意度、管教儿子的能力、是否感到幸福、是否感到被接纳，都将受到你的影响，不管这影响是好是坏。

她未来的人生将是怎样的光景？恶性循环必须在某个地方终结。如果你想阻止父亲（或岳父）将负面的东西遗传给后代，为什么不由你来终结呢?

注释

[1]　Barbara Goulter 与 Joan Minninger 合著，*The Father-Daughter Dance* (New York：G. P. Putnam's Sons, 1993)。

[2]　Walter Chan，"The Hysterical Spouse," *Medical Aspects of Human Sexualiy*，1985 年 9 月第 9 册第 9 号，P122～133。

[3]　Dr. Lennart Forsman，"Parent-child Gender Interaction in the Relation Between Retrospective Self-Reports on Parental Love and Current Self—esteem," *Scandinavian Journal of Psychology*，1989 年，第 30 册第 4 号，P275～282。

[4]　Mark K. O'Neil 与 Patricia White 合著，"Psychodynamic Group Treatment of Young Adult Bulimic Women," *Canadian Journal of Psychiatry*，1987 年 3 月，第 32 册第 2 号，P153～155。

[5]　Gail Sheehy，"Hillary's Choice," Vanity Fair，1999 年 2 月。

[6]　同上。

第四章　爸爸注意力缺陷障碍

爱女儿

爱爸爸

第二篇

爸爸的义务

第五章 好爸爸

"出了什么问题吗?"我问到,并注意到接受我咨询的家庭越来越年轻。

"宝宝哭个不停。"

"你们的宝宝在哭?你们花钱找我,是因为担心你们的宝宝在哭?"

"嗯,我们不确定自己管得太松,还是太严,我们并不想因为放任他哭,使这个可怜的孩子留下一辈子的创伤。"

"或是因为不准他哭,"孩子的父亲急忙加了一句。

"只要想得到的,我们都做了,"母亲说,"我们一直放古典音乐给他听,到现在已经 9 个月。"

"我以为你们说孩子只有 4 个月大?"我问道。

"是啊。"母亲回答。

"苏西怀孕的时候,我们将音响的一个喇叭放在她的肚皮旁边,"丈夫解释到,"我们听说这有助于胎儿脑部的发育。"

噢。

爱女儿
爱爸爸

我有大好消息给为人父母的你们。想要教出出色的孩子吗？

那就当个好爸爸、好妈妈。

请注意，我并没有说你们要当个出色的爸爸、出色的妈妈。大多数的情况，好就够了。好爸爸、好妈妈能教出不得了的孩子。大多数人以为父母不容出什么差错，其实不然。当今的父母为了孩子的幸福，作茧自缚，把自己搞得动弹不得。

我并不是一个完美无缺的爸爸，但我积极投入、关心我的孩子，而且自认为是个好爸爸。好就够了。

为什么只要好就足够了？我们太在乎有没有把事情做对，却忘了建立良好的亲子关系更重要。如果你爱你们的孩子，他们就会有自信，在学校表现良好。读到高中毕业，从来也没有盲目崇拜过什么，或是从 60 尺高的桥上往下跳，或是干了什么好事而上了晚间新闻。

我知道会这样，因为我自己就是个明证。你们应该看看我的族谱。

灌溉良好的族谱

我的历代祖先嗜好杯中物。几乎所有李曼家族的人都喜欢小酌几杯。实际上，不是小酌，是豪饮。

我父亲海量，邻居的孩子把我家旁边的一个廉价酒吧戏称为他的办公室。他的父亲（也就是我的祖父）陈尸在水牛城积雪的河堤，被人发现时，尸体已经硬得像石头。他是因为喝醉找不到回家的路而活活被冻死。

虽然父亲不能算是个好楷模，但他找到一些创意十足的方法来说服我们。有一次，我们开车行经一条水沟，有一些人正在挖这条水沟。他把车子停下来。

"嘿，看那边，"他说。"你们知道那些人在干么吗?"

"知道，爸，他们在挖水沟。"

"你们这些男生长大以后要做那种事吗?"

"才不要呢，爸。"

"不要? 那你们就要上大学，懂吗? 你们去上大学，就不必挖水沟了。"

这个"灌溉良好"的家族后来出了两个心理学家、一个儿童牧师。

我母亲常告诉我:"真希望当初养育你的时候，我有你写的那些书，这样我就能做得更好了。"但重点就在这里。我的父母并不是什么杰出人士，母亲是名医院护士，父亲是干洗店勤奋的洗衣工人，但我们家都有令人满意的结果，而且子女至今还是很尊敬他们。

父亲过世的时候，我们非常怀念他，不管过去经历的所有事物（尤其是我的青少年时期），也不管父亲的酗酒曾令我们很困窘。从我们所得的遗产就可以看出来。哥哥继承了父亲的钻戒，我是老幺，父亲那枚 19 元的戒指理当就归我啰。

不过我还是戴上了这枚戒指。我这么做当然不是在赶时髦。我在威名百货（Wal-Mart）看过比这枚戒指贵很多的塑料手表。我戴上这枚戒指，是为了对它原先的男主人表示敬意。

我过去从未想过自己会有尊敬父亲的一天。父亲不够完美，我以前曾经有好几回对他大胆的行径感到厌恶，青少年时期尤其

讨厌他。他过世前，我们两人都已成为基督徒，而且变得父子连心，将他不名誉的过去抛诸脑后。

如果你是好父母，就可以教出出色的子女。你不必背诵养儿育女十五项秘诀。最好的秘诀其实就是提醒你自己：你和孩子都不必当个完人，还是可以把事情做好。要父母把眼光放远，有时候并不容易。初为人父人母那段时期，尤其会让人觉得责任好像没完没了，因此，我要问这些忧心忡忡的父母："你看过穿着尿布在校园走动的大学生吗？"

"没看过。"

"那么，你的孩子终有一天也不用再穿尿布。18个月大的婴儿还乱七八糟没什么关系。给他时间吧！"

要了解孩子，不需要博士学位。光是担心孩子没有把事情做好，会妨碍另一件更重要的事，那就是建立良好的亲子关系。如果你想知道怎么组合一套玩具，可以买一本全程一步步教你的手册。但是一个父亲要怎样和他的女儿建立良好的关系呢？这个问题棘手多了，因为人并不是一个模子打造出来的，并不都是一个样。有的孩子害羞；有的孩子聒噪，把身旁每个人搞得精疲力竭；有些孩子老爱动个不停；有些孩子总是睡眼惺忪。

将和孩子相处的重点放在建立良好的关系上而不是要求他做好每一件事，好处是这适用于每个家庭，不管你们是百万富翁，还是入不敷出。给孩子大笔金钱其实很危险，可能蒙蔽了真正要紧的事情，使好意的父母变成摇钱树。以下我要谈一谈父母能给什么"东西"，接着讨论当个好父母的基本原则（不是如何当个好父母）。

给孩子你所拥有的

约翰·霍普金斯医院著名外科医生本杰明·卡森（Benjamin Carson）说过一个感人的故事，是关于他的母亲。他母亲坚持本杰明和他哥哥库提斯每隔几个礼拜写一篇报告。不是写给学校看，而是写给她自己看，本杰明和库提斯乖乖照做。

直到上初中，本杰明才发现一件非常惊人的事：他的母亲不识字。过去这些年来，本杰明读了书以后就写报告，还以为母亲会逐字检查。但孩子在写些什么，她根本看不出个端倪。

现在想想吧：由不识字的母亲带大。本杰明长大以后，成为媒体争相报导世界闻名的外科医生，而且还写了不少书。他不识字的母亲并不因为自己没有学问就屈服，对教出聪明的孩子不抱任何希望，反而是给孩子自己所拥有的，那就是关心、责任，以及要求他们比别人用功的勇气。结果有好报。

几年后，有人问本杰明，为什么结婚生子以后还和母亲住在一起。"你不知道，"本杰明回答，"要不是家母，我不会住在这里。这房子是她挣来的。"

老想着自己不能给孩子什么，或是身为父母你有什么欠缺，你就可能把自己搞得天天失眠。不过你可以给孩子你所拥有的，我以前必须提醒自己这一点。还记得前面提到，珊蒂在我49岁时告诉我又要当爸爸那件事吗？我当时沮丧到了极点，我为自己难过，更为珊蒂肚子里的孩子难过。

等她上了高中，发现我们有多老，她会去告我们！我记得自

73

己这么想过。我抱着极为严肃的态度，想到她的孩子（也是我的孙子）出世不久，我可能已不在人间，想着想着，不禁难过起来。萝仁如果想让她的孩子知道被祖父拥抱是什么滋味，嫁的男人最好有个年轻的父亲，可别像我这么老，我心想。

其次，我们无法确定萝仁会长成什么样子。47岁怀孕的女人，医生会告诉你中年产妇可能得到的各种疾病，让你苦恼不已。

总之，我们不认为自己有很多"东西"可以给一个孩子。

然后，我趁着到纽约出差的机会顺道去看一位童年的好友。我管他叫"月亮头"，他太太叫文蒂。我提到珊蒂怀孕一事，唉声叹气，说我们有多老、胎儿有多危险，再怎么说对胎儿都非常不公平云云，然而文蒂一个简单的问题，就把我摆平了。

"珊蒂肚子里的孩子要出生在怎样的家庭，才会比你们家好，你说啊？"她问到。

经她这么一点醒，我茅塞顿开。不错，我们家人之间的关系的确非常亲密，大家都相亲相爱。而且我有信心，要是我和妻子先走一步，萝仁的兄姐会代理父母当起萝仁子女的祖父母。

我们不能给萝仁一对二十几岁或三十几岁的父母。我们不能承诺说60岁以后我们还在人间。但是文蒂帮我看到我们有很多东西可以给她：一个充满爱的家庭，一个稳定的家庭，无限的关怀……并且提醒我应该将重点放在这里。

好父母不会为自己的欠缺焦急，只会给孩子自己拥有的东西，然后谨慎地记住不给孩子什么东西。

不给孩子什么东西

当我旅行完回到家，行李内不会装满礼物。我不送玩具给孩子，我把自己送给他们。回家以后，我将重点放在亲子关系的恢复，而不在那些不值钱的玩意儿，否则，一回到家，那些玩意儿就会把孩子从我身边引开。

想一想吧，一个离家好几天的父亲，既然好不容易回到家，为什么要送给孩子只会把他们引开的玩意儿呢？

有时候，我会在旅行途中偶然看到对其中一个孩子再合适不过的东西，这可能是某个孩子一直在寻找的东西，也或许是想到，那是送给某某最好的礼物。如果是这种情形，我会将它买下来，因为这个礼物着眼在建立良好的亲子关系，而不是出于罪恶感或义务。当女儿收到这个礼物，将会知道因为我了解她才会买这样的礼物，没有其他人会挑上这个礼物，也因此，这个礼物使我们的关系更亲密。

只因为必须买个东西，就胡乱买个玩具，将会祸害无穷！这根本就是把女儿看扁了，好像可以收买她们似的，也因为缺乏诚意，致使亲子关系蒙上一层阴影。

你自己小时候欠缺的那些物质，你们的孩子并不需要。不给孩子东西很重要。20世纪初，经济没有那么发达，且大多是大家庭，许多小孩子对物质的缺乏习以为常，长大以后倒也很有成就。当我遇到在大家庭排行比较后面的人，我会开他们玩笑："我敢打赌你一定是在上了初中以后才发现鸡汤面里不是只有清汤，还有鸡肉和面，是不是啊？"

第五章 好爸爸

爱女儿 爱爸爸

75

我父亲出生在一个从爱尔兰移民的家庭，他们的座右铭是："第一个起床的人，穿戴最得体。"你要是睡懒觉，那天剩什么衣服让你穿，就不知道了。

不过这些家庭过得好好的，倒不是因为他们的物欲得到满足，而是因为他们对家人的关系感到满意。要知道物欲味带苦涩，家人的关系却能解心灵的干渴。

仔细想想你不应该给孩子什么东西，就能清楚地向子女表明你的立场。父母的责任不是当圣诞老公公，而是建立良好的亲子关系。

如果孩子在物质上不需要那么多东西，那么，对亲子关系有什么需要呢？同样地，我们无法用"五个简单步骤"让你成为一个好爸爸，不过，我们可以看一下好爸爸必备的几个特质。

好爸爸的简介

怎样才算是个好爸爸？好爸爸具有一些特质，能使他尽一切努力，当个突出的爸爸。

陪在身边

如果你问我的女儿，在成长的过程中哪件事记得最清楚，她们会说是"毛茸茸的哈奇"和"大坏狼"。

我们最喜欢的一个游戏，就是我扮成一只残暴的狼，在房间内追捕克丽西和荷莉，"逮到"她们以后，将她们放在"锅子"里面（就是长椅上）烹煮。我在她们身上撒上隐形的盐巴，放进一些根本不存在的蔬菜，但总是忘了加胡椒。

"噢，不！"我会大叫，"我把胡椒给忘了！"

那是给她们的暗示。她们知道我会转身，然后她们就可以趁机逃逸。当然我会怨声载道，好像再多活个几百岁，也料不到会发生这种事。

玩"毛茸茸的哈奇"时，我会将所有的灯关上，点上一支蜡烛，然后慢慢走到大厅内。我越靠近，影子就拖得越长，女孩们又惊又喜，在床上的被子里挤成一团，偶尔忍不住偷看一下哈奇有多靠近。

"我记得的，不是那些精心策划的活动，"荷莉说，"不过像'毛茸茸的哈奇'这种即兴的乐趣，却让我十分怀念。"

我并没有按着某个规则手册进行，只不过就是陪在女儿身边，而这对女儿来说，就和我所做过的所有事情一样有意义。

一项著名的研究，想了解小孩子在设有篱笆还是未设篱笆的游乐场游戏比较守规矩。结果很清楚：小孩子位于未设篱笆的游乐场，会比较没有安全感，他们所到的场地范围较小，大多挤在游乐场中央，只有极少数的小孩有足够的勇气往外冒险，跑到游乐场的外围玩。有些心理学家认为把孩子围起来有侮辱他们之嫌（"把他们像动物一样关进笼子里"），但被围起来的孩子反倒觉得舒服。

对生活设限其实对孩子有帮助。家里有一位陪在孩子身边、积极的父亲，就好像是为游乐场加设篱笆。他的在场带来担保和舒适，使结局大为改观。

因此，我强调孩子有必要经常和家人共进晚餐，包括父亲在

爱女儿
爱爸爸

内，一个礼拜要抽出好几天来。只有常规以及优质而规律的生活，才能让人产生一种良性的归属感。父亲如果为建立良好的亲子关系而牺牲自己的利益，将会有好报。一个男人如果婉拒一份年薪增加两万美金，却得经常在外奔波，每次出差都长达数周的职位，而选择将亲子关系摆在第一位，经常在家，将会对子女的人生造成深远的影响，尤其是女儿的人生。

这就是为什么当孩子们告诉我："爸，我比赛的时候请不要来，你太会鬼叫，让我觉得好糗。"我偏不听她们的话。有一次克丽西还加了一句话当后盾："更何况比赛场地很远，开车大概要两小时。"

她继续说父亲来看比赛是如何"不够酷"，或更糟的是还从看台站起来为她欢呼。

尽管如此，我猜想她够了解我，知道只要她有球赛，我就会出现在看台上。我及时在排球比赛开赛前走进体育馆，克丽西的左手正放在膝盖上，一看到我，马上举起左手的小指。她的肢体顶多只能用这种方式欢迎我，但她的眼睛和脸上的光彩诉说了我需要知道的一切。她的确希望我能到场。

父亲的到场和支持对女儿非常重要，尤其是对女运动员。美国小儿科学院运动医学暨健康委员会（The American Academy of Pediatrics, Committee on Sports Medicine and Fitness）主席麦可·尼尔森医生（Dr. Michale Nelson）说过："鼓励女生做运动最有力的因素，就是父母以身作则。"[1]

墨尔波墨涅妇女健康研究院（Melpomene Institute of Women's Health Research，位于明尼苏达州圣保罗市）的企划人林杰菲（Lynn Jaffee）认为我们的社会对女子体育活动往往不太注意，也因此父亲的投入格外重要。"虽然滑雪、花样滑冰、潜水、体操等个人项目的女选手争取到媒体一些报导，女性组成的球队却未受到青睐，"她向健美通讯社（Health and Fitness News Service）表示。"少数几个网球和高尔夫球女性职业选手除外，女运动员几乎没什么'钱'途。"[2]

这个现象的危险，不在于有运动细胞的女性不能像乔登那样赚进大把钞票，而在于一般年轻女孩不太愿意参加有益身心健康的体育活动。既然社会不强调女子体育活动的重要（只顾着将焦点摆在辛迪·克劳馥等超级模特儿身上，而不留意精力充沛的女运动员），父亲要是再不关心，女儿就没有任何动机，也得不到任何支持来加入球队。

不过，女儿赛球时到场加油，不只是在告诉她你重视她的健康，更是在大声宣扬你非常看重她："你很重要，我在乎你。你有兴趣的东西，我也会有兴趣。"她知道你忙得不可开交，但你愿意搁下自己的生活，参与她的生活，这么做可以陶冶她的性情。在年轻女性一生中占有举足轻重分量的男人，如果能用这个方式来肯定她，将会对她的前途产生正面的影响，且对那些视女性为泄欲对象或奴隶的呆瓜，更是强而有力的反击。

我一位打职业高尔夫的友人唐·普利（Don Pooley）以相当戏剧的方式来肯定他的女儿。他在 1998 年的巡回赛期间请了 4 个月的假，只为了能看到女儿参加的篮球队，连续第二次拿到亚利桑那州杯 1—A 组的锦标赛。

普利向《亚利桑那每日星报》（*Arizona Daily Star*）表示："孩

子人生中的所有大事，我都会设法到场。我是否多打一场高尔夫球赛，没有关系，反正我已打过好几百场。我是否错过一场高尔夫球赛，没有关系，可是如果错过对他们很重要的东西，就有关系了。"

对父亲所做的牺牲（放弃职业巡回赛去看一个高中女子球队打球）凯莉深受感动，于是卖力比赛，终于打进锦标赛。有意思的是，普利休息了 4 个月以后回到球场，因为赢得土桑的一场公开赛，上了头条新闻。[3]

我们家有个传统，那就是每年的圣诞夜，全家一起挤在同一个房间内过夜。有一年我们到纽约过圣诞节，由于在那里的房子并没有大到足以容纳全家的房间，于是我们睡在长廊里，孩子乐得不得了。

父亲的肯定无法靠单一的重大时刻来实现。亲子关系不是一条没有隙缝的混凝土高速公路，而比较像是一条碎石路，由一粒粒小石子堆砌而成：一点时间的投入、一个关心的手势、一份体恤的礼物。

女儿需要父亲陪在身边（我想发明一句格言：男人的地盘在家里），也需要父亲善解人意。

善解人意

有一回，荷莉在吃早餐的时候发飙，鬼叫鬼叫的，我们知道青少年很会这一套。身为超级心理学家的老爸赶紧插嘴，给了一个标准答案。答案非常明显，我实在不相信她以前竟然没有搞懂。

显露完毕，她的玉米脆片被我的智能全然覆盖之后，我静候家人的掌声。但传入耳中的，不是掌声，而是一片冷飕飕的死寂，连我的可可奶里的牛奶也为之凝结成块。

"爸，你知道你该做什么吗?"荷莉终于开口。

"做什么?"

"你应该去读自己的书。"

咻!

从前的我是个典型的父亲，冲动地从荷莉身上辗过，不肯花时间进入她的内心世界，反倒像个好心的独裁者，踩在她身上舞蹈。我以为知道自己在说什么，其实不然，就在这个过程中，践踏了她的感觉。

"荷莉，对不起，我错了。"

老兄，她可是狠狠地把我给射死了! 她找到颈静脉，对准中心予以致命一击。接下来的 3 个小时，我粉身碎骨。

老爸，别想修理你的女儿，好好与她相处。试着了解她，不要企图解决女儿的问题。她不要你去修理任何东西，只要你去了解。

了解一个人比修理一个人困难得多了。了解意味着我必须放下手边的事情，而且时间要够长，以便进入女儿的世界。我必须愿意陪她走过她的不确定，而不是急着塞给她一个答案。她希望我把重点放在过程，但由于男性荷尔蒙作祟，我骨子里却想快下结论。

我不该说这样的话:"亲爱的，答案很简单……"而应该表示同情，说:"亲爱的，这件事好像真的让你很苦恼。何不告诉我是怎么一回事?"

第五章 好爸爸

爱女儿 爱爸爸

不幸的是,我对女儿的感受,有时还是不够了解。荷莉 16 岁那年,有一回带她的新任男友回家和我们初次见面。她向我介绍这位年轻人时,我发现自己的衬衫拉到裤子外面。为了不想在女儿的心上人面前看来太邋遢,我决定化解这个问题。我小心翼翼地解开裤子的扣子、拉下拉链,自己还以为是神不知鬼不觉。接下来的步骤并不那么明显,但是,嘿嘿,这个男生可是有着和我一样的生理构造呢。我打开裤子,朝着衬衫下摆摸来摸去,将下摆挤成一团以后,再塞进裤子里。进行这一切的同时,嘴里说着:"幸会,幸会。"然后握这孩子的手。

对我来说,这不过是小事一桩,对荷莉却是非同小可,她尴尬得要命。不幸的是,过去这些年来,我干了不少这样的好事。

只要父亲能对女儿的担忧和问题表示关心,就能留给她一大笔连比尔·盖茨也买不起的遗产。

女儿还需要有一位敬重妻子的父亲。

敬重妻子

我在这里要谈的并不是跪算盘,而是更实际的事。

举个例子吧,想想看一个典型的夜晚。早上,全家人朝四面八方散去,家里乱七八糟。妻子在外面待到很晚,在回家的路上,她想起外出前厨房是什么样子。她和我一样累得要死,却告诉自己要去洗那些碗盘,明早起床时,如果楼下还是那么脏乱,她会受不了。

可是,就算洗碗槽内碗盘堆积如山,大多数的男人还是可以睡得像只猪,从生物学的角度来看,这是个不争的事实,而女性荷尔蒙和脏碗盘水火不容，也是众所周知的。厨房要是不整齐，10个女人有9个无法阖眼。

于是，丈夫比妻子早45分钟到家。他不吃冰淇淋，不看体育节目，而是将厨房收拾干净。请注意：不是只有将脏碗盘往洗碗槽里堆而已喔，而是真的放进洗碗机里面。甚至还破例清洗流理台。

妻子走进来，想到正等着她去做的家事，心里负担非常沉重，突然看到原以为会满是污垢的地方，竟是一片亮晶晶，这才知道自己后知后觉。她走出屋外检查房子的门牌号码，当她确定：是啊，这是她家。不、不、不，自己并没有闯入别人的家，真是兴高采烈。

我要谈的，是这样的敬重。

让我换个方式来说吧。假设你的女儿突然在20分钟内长大20岁，而你有机会参加她的婚礼……紧接着，你看到35岁的小女儿到处跟在她的小强、苏西、凯蒂后面跑来跑去，然后疲惫不堪地回到家，迎面而来的，是只顾着吃马铃薯片的丈夫，嘴巴塞得满满的，沙发上还摆了一大堆。洗碗槽堆满脏碗盘，地毯上的尘埃厚到足以为洋基体育馆堆出一个棒球投手垃，丈夫还在鬼叫说肚子饿。

你要女儿后半辈子五六十年，生活在这样的景况里吗？

你的小女儿会观察你如何对待妻子，而她对丈夫的期待就是这么来的。如果你支配欲强、对人颐指气使，又是个懒骨头，那么，女儿约会的对象如果这么对待她，她就不会觉得奇怪或是讨厌。你希望未来的女婿怎么待你的女儿，就怎么待你的妻子吧，

爱女儿

爱爸爸

这是左右女儿对男人的观点最好的方法。这么做往往也可以让你自己感到满足。

你必须让儿女看到你对妻子另眼看待，这等于是在告诉女儿身为女人值得尊重，告诉儿子，男人的某些举止并不妥当。对某些事情，我的反应可能很迟钝，可是他们要是大声和母亲顶嘴，我的反应可是和闪电一样快。"和妈那样说话，一定会被惩罚，休想你能躲得掉。"我会这么说。我要维护母亲尊荣的地位。

女儿需要一位陪在身边、善解人意、敬重妻子的父亲，也需要一位信任她的父亲。

信任女儿

40 年前，一位名叫伊丽莎白的年轻女孩想做一件家乡的女孩从来没有做过的事：竞选她就读的高中的代联会会长。

"我的父亲信任我"，1992 年，伊丽莎白接受《好管家》杂志一名记者的访问时，作了这样的解释。

伊丽莎白的父亲约翰·凡·韩福特（John Van Hanford）不只灌输给女儿她能成就大事的信念，也让女儿发现与男士维持良好的关系并不是什么难事。"我喜欢父亲，长大以后也喜欢男人，而且显然他也喜欢他自己。"

正因为如此，伊丽莎白在选择对象时，做了明智的抉择，她的夫婿担任过好几届堪萨斯州选出来的参议员，相当受人敬仰，后来还被共和党提名为总统候选人。"（丈夫）令我钦佩和尊敬的地方，也正是父亲令我钦佩和尊敬的地方，"伊丽莎白解释到。[4]

有些读者可能已经猜到我接下来要告诉你们的事。伊丽莎白的丈夫名叫罗伯·杜尔 (Robert Dole)。她本人在里根政府时期担任交通部长，并担任过美国红十字会会长，直到最近才卸任。

今天的妇女几乎已挣脱所有的限制。在我写这个句子的同时，有两位女性在高等法院审判案件。我们有一位女国务卿。妇女经商、参加女子职业篮球联盟、赢得世界杯足球赛，甚至在军队中位居要职。

在今天，女性做不到的事，实在少之又少。想当飞行员，就可以当飞行员，想当执行长，就可以当执行长。

1999 年夏天，两份不同的出版物在同一个礼拜专题报道两位杰出的女性打破职场男性当头的惯例：终生有线电视网 (Lifetime cable network) 的执行长卡洛·布莱克 (Carol Black) 以及惠普 (Hewlett-Pachard) 的执行长卡莉·菲奥莉娜 (Carly Fiorina)。她们的前任都是男性，双双被她们取而代之。布莱克升任华德迪斯奈营销与电视部门的副总裁，并担任 NBC 洛杉矶电台的总经理。至于菲奥莉娜，一般人都认为朗讯科技公司 (Lucent Technologies) 在 1996 年分配到 AT&T 的股份，是她的功劳。

卡莉·菲奥莉娜曾说过："我希望每个人都能明白隐藏性的职场升迁限制 (glass ceiling) 已不存在。"[5]我仍不能同意她的说法。

同一篇报道指出一个事实：《财星杂志》所公布的五百大企业当中，只有两家公司的老板是女性，而女性高阶主管，只占 11%。[6]

但就算隐藏性的职场升迁限制只是稍微被打破，父亲还是应当要了解，女孩实现美梦的机会，并不输给男孩。

父亲如果把家庭摆在第一位，可能不太情愿鼓励女儿在事业

上求发展，因为这种人大都宁可女儿在家带孩子，也不要女儿把孩子丢给托儿所。我全然同意他们对育婴所抱持的态度。不过，父亲可以扮演重要的角色，以帮助女儿了解职场的真相。既然你在那里待过，就有资格教她怎样才能既胜任工作，又不牺牲家庭。

比如说，你可以鼓励她晚点生小孩，等到她和丈夫的财力充裕到其中一个人可以待在家里照顾小孩才生。你可以提醒她，研究人员所发现的一个明显的现象：许多妇女纷纷离开大型企业，自行创业。自行创业使女性在赚钱养家的同时，还可以兼顾家庭。

父亲可以帮助女儿做好准备，使她们不至于陷入想追求事业就得将孩子托给别人带的困境。我们知道这个世界的运作方式，可以借这个经验来帮助女儿找出能够兼顾家庭的赚钱方式。要做到这一点，就得信任她们并进入她们的生活，也应该坚信女儿的确能对这个世界有所贡献。

随着邮购、因特网、远距通信的兴起，美国企业的面貌也起了变化。未来做生意的方式将和过去大不相同。但有一个现象不曾改变，未来也不会改变，那就是女性渴望成为时间的主人胜过一切。好爸爸会帮助女儿了解真正的财富来自于拥有自己的时间，而不在于拥有三栋房子。

帮助女儿的第一个步骤，也是最重要的一个步骤，不过就是约翰·凡·韩福特对伊丽莎白所做的：信任你的女儿。不要只顾着帮儿子筑梦，将糟粕留给女儿。

最后，女儿需要一位让她疼痛的父亲。

让她疼痛

荷莉在十几岁时，颚部接受过几次恐怖的手术，以矫正太阳穴颚关节异常（temporomandiular hoint dysfunction，TMJ，这是个很长的医学术语，会导致颚关节持续性剧痛）。将手术形容为恐怖并不夸张。事实上，整个高中生涯，她经常缺课，而一缺课就是好几个礼拜。尽管如此，毕业时她在班上仍然名列前茅。

有一次，她告诉我想让医生再试一次。

"不行！"我坚决反对。"他们已经让你吃太多苦了。"

过去几次手术的失败率太高，荷莉已经苦不堪言，再目睹女儿挨一次刀，我会受不了。"爸"，她向我恳求，"我不要一辈子这样痛下去。开刀是痛了一点，但只是短痛，我得再试一次。"

我原本存疑，但珊蒂好言相劝，我终于让步。手术并不完全成功，但使情况大为改善。原先反对这个手术是我的错，我被荷莉承受的短痛所蒙蔽，看不到长期的收获。

父亲最难办到的一件事，就是让女儿疼痛，但有时候，只有疼痛才能让女儿长大成熟。基于某个理由，大多数的父亲都承认有必要让儿子痛一下，使他更坚强。如果男孩子回家的时候流鼻血，我们的自然反应是："来，让我告诉你怎么反击他一拳。"如果女孩子回家的时候流鼻血，我们会气得想找人家算账。

这是个无情的世界。在许多方面，这个世界对女性比对男性更无情。养育女儿时要谨慎，不要误以为疼痛不能教给她们任何东西，以至于妨碍了她们的成长。只因为女儿正在挣扎，并不表示你这个好爸爸应该跳进来拯救她。当个好爸爸的意思，有时就

87

爱女儿

爱爸爸

是指任凭女儿在困境中，甚至痛苦的环境中，也要让她自己找到出路。我并不是说这很容易做得到。你可能从来没做过这么棘手的事，就算如此，还是非做不可。

这就是为什么我会运用疼痛（包括负面情绪）来帮助女儿成长。现在你已经知道我主张"肯定"和"鼓励"多多益善，但这并不排除运用负面的情绪。

我们的两个小女儿现在的例行工作就是将洗碗机内的餐具放回原位。涵娜收拾碗盘，矮一大截的萝仁收拾汤匙刀叉。一天晚上，涵娜显然很不舒服，晚餐时连坐也坐不好，于是我们告诉她："去躺着吧，涵娜，今天晚上你不必做任何家事。"

接下来，我们听到不希望在李曼家听到的声音，萝仁的抱怨。萝仁这个孩子，你平常要是叫她到后院挖一口井，她会立刻拿一把铲子开始挖起来。但是那天晚上，她不知吃错了什么药，开始重复每个当父母的偶尔都会听过的话："那不公平，涵娜为什么不必做？我却要做全部的家事？"

最后，我走进厨房，说："萝仁，你也可以到房间去啊，今天晚上，不必收拾碗盘，爸爸会帮你做你分内的事。"

她的脸往下沉了 3 米，想想她还不到 1.2 米高，这可真是一大成就！过了 20 秒，她进到厨房。"爸，让我来收拾碗盘。"

"不必了，萝仁，回到房间去，爸爸正在做你分内的事。"

我特别留意用字。爸爸正在做你分内的事。惩罚像萝仁这样的女孩，没有什么能比这一招更严厉。她感到万分内疚，而我就是蓄意让她感到内疚。我们当场立刻将那只爱抱怨的虫虫压扁。

想教出负责任的女儿，有时候必须运用负面的情绪。我花过长时间思索要怎样让萝仁和涵娜感到被接纳、被爱、受到肯定。不过，在适当的时候，我也不怕让她们感到受伤、内疚，甚至惭愧。我的确是个看重恩典甚于律法的人，不过，为了让孩子认清实情，每个家庭在生活当中总有一些时候，必得用到一根刺。

我正准备将最后一个盘子放好，萝仁又出现了，一副失魂落魄的样子。她想靠近我，却不知道该怎么做，于是一小步、一小步走来，每前进一步，就朝上看看我，以确定我不会将她吞下去。

"我没有收拾碗盘，对不起"，她说。

"你知道爸爸为什么难过吗？"

"知道。"

"当妈和爸要求你做家事时，我们期待你在做的时候摆出一张怎样的脸？"

"快乐的脸。"

"你当时摆出怎样的脸？"

"不高兴的脸。"

我爱她，给她一个吻，肯定她，但强调这一课。她受了伤，却因而成长。从此以后，她再也不曾为碗盘的事抱怨过。

好爸爸

"购买"好爸爸的特质（陪在身边、了解女儿、敬重妻子、信任女儿、让女儿因疼痛成长）要花多少钱？

上次我查了一下，发现是免费的。

要学会这套深奥的公式，需要几个学位？

爱女儿 爱爸爸

爱女儿
爱爸爸

答案很简单。你根本不需要上过学。为什么呢？因为当个好爸爸就是和子女建立良好的关系，而不是买什么给他们，没有什么高明的伎俩或诀窍。当个好爸爸就是花时间陪在她身边，关心她，进入她的生活。这样就是个好爸爸，和子女的关系良好。

他陪在子女身边。他关心他们。

别担心自己是不是一个出色的爸爸。只要练习当个好爸爸，你的女儿就大有福气了。

注释

[1]　健美通讯社，"More Girls Play Sports," *Tucson Citizen*，1992 年 12 月 8 日。

[2]　同上。

[3]　Scott Simonson，"Pooley Winner First Time Out," *Arizona Daily Star*，1999 年 2 月 24 日。

[4]　亚伦·艾伯特，"Fathers and Daughters"。

[5]　*U. S. News and World Reports*，1999 年 8 月 2 日，P45。

[6]　同上。

第六章

正面的印记

保罗·哈维（Paul Harvey）说过一个真实故事：一位年轻的妈妈看到 4 岁的小女儿电视看到一半，跳起来跑进房间，由于动作来得很突然，妈妈于是跟在后面，想了解女儿在做什么，她发现女儿把衣服从衣柜里扯出来。

"你在做什么?"她问道。

"巴尼说如果我把一件洋装和我的名字寄给他，就可以加入他的歌迷俱乐部，"小女孩回答。

这是一个令小朋友迷惘的世界。我的一个朋友在他家后面的树林辟了一条小径。他在小径的一处斜坡造了设有扶手的阶梯。他注意到 4 岁的小女儿每次一走到这里，就吓得要命。当她看到弟弟不走阶梯却走到阶梯外面，大声叫喊："小心! 男生会把你捉去!"

"你在说什么?"她父亲问到。

"你告诉我不应该走到阶梯外面，因为那里有男生藏起来。"

父亲笑了起来。"我是说那里有野葛，不是男生藏起来。"（译

注："野葛"的英文 poison ivy 和"男生藏起来"的英文 boys in hiding 发音近似，致使小女孩误会）

西部一家科学博物馆举行了一项展览，我真希望每个家长都能去参观。工作人员订制一对巨椅和巨桌，好让 1.8 米高的大人尝尝 0.9 米高的孩童在家里是什么滋味。这对巨大的桌椅是按比例放大，使父亲能实际了解在小女儿眼中，每个东西看来有多大。他坐在椅子上时，脚悬在空中触不到地，他看到椅子的脚好粗，他的下巴几乎就要碰到桌面，而他得设法适应。

当个小不点儿的感觉是很吓人的。你如果看过"亲爱的，我把孩子变小了"这部电影，就比较能了解我在说什么。

这个世界是个又巨大又恐怖又令人困惑的地方。这就是为什么我完全不赞成有些人所说的，大人应该松手，让孩子自己去摸索他们的道路。不错，我的确相信大人对孩子的性情和性向要敏感，但我也相信父亲应当提高警觉，善用对孩子天性的认识，好好加以琢磨。不然的话，孩子会迷失、被误导、被利用。

大人如果不能带来正面的影响，在孩子身上留下正面的印记，孩子的自我形象将会不佳。他们是威化饼的烤模，烙有负面的印记。只为了和同学一个鼻孔出气，人家要他们向东，他们就向东，要他们向西，他们就向西。这个世界要他们看来像什么样子，他们就会耗尽所有的元气，努力装出那副样子。

有爱心、体贴，而又谨慎的父亲会为小女儿烙上正面的印记，使她有勇气向要求她"和我们一个样"的同学说不。父亲的肯定，是应付同学压力最好的方法。

女儿无法从女童子军的领队，学校老师身上得到这样的肯定。

当今的父母过于急着把孩子往学校、诊所，甚至他们的心理辅导员那里送。他们的态度就像这样：你一边整顿我的孩子，我一边看杂志。

但事实上，你必须与孩子的生活产生联系才行。老师或心理辅导员与你的孩子产生联系，没有你和你的孩子产生联系那么重要。产生联系就是父亲与女儿要有互动，并以有意义的方式进入她的生活。

要做到这一点很容易，好比亲自为女儿挑选一份贴心的礼物，而不要将这种事都推给母亲。克丽丝汀婚后还记忆犹新的一件事，就是她的生日卡片上的签名大多是我签的，不是珊蒂。

女儿会记得这些事情。

克丽丝汀13岁生日时，我去一家珠宝店为我的老二订制一枚我自己设计的紫水晶戒指。直到今天，她还保存着这枚戒指。她收到的所有礼物她最记得这一件，因为这是我主动去挑选、设计、购买的。

我要送她个人化的戒指，好让赠礼一事为女儿烙下正面的印记。等你年事渐长，就会了解自己有这么多机会来为女儿烙印。终有一天，你女儿的人格以及好恶将会固定成型。童年湿而未干的水泥，成年以后，将会变成凝固的混凝土。

烙有印记的孩子是威化饼，就像本书稍早提过的雪莉·韩特，深受父母的影响，沿袭了父母的道德观、理想，以及优先级的排列方式。他们已经定型，坚定不移地准备以自己独特的标记来面对这个世界。

成功

带着旅游书,参考上面所写的去旅行,会搞得一团糟。来到一个人生地不熟的地方,在紧张的行程中照着书上的地址东找西找。经常住在身体要适应的时区,三餐也常常不定时。

若有一位胜任的作家导游带领,就会有天壤之别。有一回,我有幸得到一位最佳的导游作陪(出版社会雇用这些导游,他们的职责是帮助作家准时抵达目的地)。

我口中这位年轻女士看来受过良好的训练,相当称职。她拥有一种奇妙的能力,即使是疲惫不堪的电台制作人和作家,只要有她在身边,就能平静下来、开对门、摆平旅途中遇到的麻烦。听起来好像很容易,其实不然。访问可能在最后关头变卦,而这往往会产生骨牌效应。一位好导游必须拥有当机立断的能力;有时必须放弃小型节目而选择大型节目。这位特别的导游表现十分出色,人人都夸奖她。

我在镇上那 3 天,和她天南地北无所不谈。其间她说了一件令我又惊又喜的事。别忘了,这是一位能干的单身女郎,妩媚、活泼、令人着迷,找个老公轻而易举,但猜猜她告诉我什么?"我绝不跟父母亲不赞成的人结婚。"

说出这样的话,必须对父母亲相当信任。有人可能会认为这是缺点,但我可不这么想。这告诉我她身上烙有正面的印记,她是威化饼,不是威化饼烤模,拥有许多好本领和才华,却也够明智,知道自己还是需要父母插一脚。

我了解她会变得这么能干，绝不是偶然，也不是被忽略的结果；她的父母花时间来肯定她，帮助她建立信心和自尊，使她长大成人以后能把工作做好。

我的确相信我们只有两个选择。某个人将会对我们的孩子产生关键性的影响——不是我们自己，就是外人。我相信上帝将这个责任交给我这个做爸爸的。没有任何办法可以庇护孩子不受到人生丑陋的现实的伤害，就算我想这么做。但我能做的是利用丑陋的现实，给他们宝贵的教训。

有一天到超级市场，我就趁机给克丽西上了宝贵的一课。

负面的印记

"爸，想点法子！"

克丽西急得不得了。我们正站在购物中心停车场对面，看到一个男人给一个女人一巴掌，然后将她推到一辆车子内。我还没来得及走到他们身边，他们就离去了。

我回过头来看着克丽西，说道："克丽西，你不得不看到这一幕，我觉得很遗憾，不过你得明白一件事。这世上有些男人一向这么对待老婆。他们虐待女人，伤害女人。"

我停顿片刻，好让她牢记上面这段话。我要她先冷静下来再接口，以加强她对下面这段话的印象。

"你的责任就是找个尊敬你的男人。你的任务就是找一个尊重你、关心你、从不会打你的男人。"

我看得出克丽西的脑筋正在快速转动，以消化她所看到、听到的一切。父亲必须向女儿警告人生中会遇到的危险，有一些非

95

常病态、会侵犯他人的家伙存在。为女儿烙印时，必须将她们带到最好的去处。

孩子长大以后，我们经常会看到一些意外：摇曳的火焰将天空照得一片通红；一辆车子翻车，救护车和警察人员忙得团团转，而我总会大声说道："不是嗑药就是醉酒闹事。"过不了多久，我们要是再碰到意外事件，孩子就会抢在我前面发表意见。其中一个孩子会说："爸，你想是有人嗑药？"他们早已习惯将意外事件和嗑药、醉酒画上等号。

我要为孩子烙上正面的印记，但是为他们烙上负面的印记同样重要。我要孩子们将人生正面的事情——尊重、事业顺利、坚定等等——与道德、辛勤工作、忠诚等美好的品德联想在一起。我也要他们将人生负面的事情——悲剧、破产、动乱与通常的成因——不负责任、懒惰、自私——联想在一起。

悲剧有时也会袭击善良而正直的人，但这一定是愚昧造成的。悲剧迟早会发生。如果女儿嫁给有暴力倾向的人，终有一天会挨揍。

这是对沉默的父亲的嘲弄。女儿指望父亲帮她们测定这个世界怎么运作。父亲如果不主动告诉她们，她们会被迫去猜测，找出自己的办法。试着回想一下你18岁的时候，对世界的真相的认识是多么有限。现在轮到女儿做决定时，你忍心让她和你当时一样无知吗？

言教只能发挥部分的烙印作用，身教的影响力更大。你的女儿从你们夫妻俩的相处看到了什么？是看到爱、体贴、体恤、甘心服从，还是争吵、奚落，甚至身心虐待？如果你的小女儿只凭着她在家中所目睹的现象，写一篇丈夫应当如何对待妻子的文章，这篇文章会写些什么？

带女儿参加丧礼

我举双手赞成带女儿去参加一些社交活动，不过偶尔带女儿参加丧礼同样有用。

我一个朋友带他的三个孩子去参加一个死于艾滋病的年轻人的丧礼，他特别重视这件事。这个年轻人因为吸毒而染上艾滋病毒，结果死在狱中。他当时三十出头，没有妻子，没有子女，在牢房里慢慢地衰竭，缓慢而痛苦地死去，断气前意识仍然很清楚。

前往丧礼的路上，这位父亲说："孩子们，我要你们看看受人引诱去吸毒会有什么真正的损失。你愿意年纪轻轻就孤零零一个人死在牢房里吗？你愿意身染重病吗？你愿意临终前眼睛所看到的是牢房的四面墙吗？你要这样死去吗？"

这是负面印记相当积极的一面。看报纸的时候不要沉默不语。读到爱喝酒的大学男生因为酒精中毒而丧命的文章，要念给你的女儿听。"这是每年都会发生的事"，你可以提醒她，"喝太多酒会要你的命。"

老爸，我知道你很忙。我们都很忙。可是争相吵着想引起女儿注意的杂音太多，我们绝不能保持缄默。

一大堆杂音

涵娜 7 岁时拥有一台会和她说话的玩具计算机。这台计算机使用事先录好的话："欢迎，现在请选择一个项目。"

爱爸爸

有一回，两岁的萝仁将计算机放在两腿之间，然后启动。

有得瞧了，我心想。

"欢迎"，计算机说。"现在请选择一个项目。"

萝仁一时不知道该怎么办才好，呆坐在那里。过了5秒钟，计算机又说话了。"现在请选择一个项目。"

萝仁怒气冲冲地叹一口气，拱着两个手掌，放在嘴边，弯下身体对计算机大叫："小姐，我只有两岁。"

各种杂音夜以继日地对着我们的孩子叫喊——青少年杂志、谈话节目、奉行不同价值观的老师、靠着炫耀自己的不道德而成名的演艺人员。如果我们放任孩子不管，他们自己既没有经验，也不够成熟，根本不知道该怎么去过滤这些杂音。

这正是父亲必须站出来的时候。给子女一些建议，让他们有机会吸取你智慧的结晶，避免重蹈你这一生曾经犯过的许多错误。相反的，你如果沉默不语，等于是逼子女盲目地摸索自己的人生，他们得去猜测哪一条道路才是最好的，而不能因为父亲对事情早有领会而得到任何好处。

各种杂音每天都在叫喊。父亲沉默不语的一天，可能就是你的女儿将谎言当成真理的一天。"这不是性行为，这只是'触摸'。""这不是真的毒品，这是天然的产品，是从地上长出来的。"

相反的，如果你趁着女儿还小就开始花时间来为她烙印，将可为你和她省去许多麻烦。

克丽西上大学搬到学校后不久，写了一封信给她妈妈。我不打算刊出全信，不过其中两段特别显示了烘烤威化饼（而不是打造威化饼烤模）的价值。

我现在终于明白你和父亲是多么有智能，年纪较小的时候，我并不晓得这一点，现在我晓得了。你和父亲教了我这么多东西。要不是因为你们的指导、爱心和管教，我根本上不了大学。你过去对我的教诲，现在成为我根深蒂固的特质，特别是独立自主以后。

谢谢你花时间来爱我，教导我的行为准则。希望有一天，我能当个和你一样的好妈妈。我好怀念家人。我现在明白朋友不能长久，但是家人永远不会离我而去。

期待圣诞节早日来到！

克丽西　谨上
×年×月×日

最令我感动的是这句话："你过去对我的教诲，现在成为我根深蒂固的特质，特别是独立自主以后。"烙印不就是这么一回事吗？根据孩子的性向来调教她，等她长大以后，你就会发现她完全吸收了你的价值观，同时愿意身体力行。

第七章 信任小姐 (Miss Trust)

"只要 50 元，你就可以为自己省下一大堆麻烦。"

一大早就听飞机乘务员训话，这一天一定不好过。

事情是这样的：暑假结束，涵娜必须从我们位于纽约州的避暑别墅飞回亚利桑那州土桑的住所，开学期间我们住在土桑。她想和朋友在那里共度一个礼拜，所以要比其他家人提早离开避暑别墅。我不想让 9 岁的涵娜单独搭飞机，决定陪她一起搭。我订了一张来回机票，和涵娜一起飞抵土桑，过了 40 分钟后再折回水牛城。

当乘务员员发现我所做的一切时（花一整天的时间从水牛城飞到土桑，再即刻飞回水牛城，只为了当女儿的护花使者）她不敢置信。

"你为什么不把她送到飞机上就好了？"她问："我们经常护送比她小很多的孩子，你不信任我们吗？我们很尽责的。"

"这不是你们的责任，"我答到。"这是我的责任。"

她闭上嘴巴，哑口无言。飞行期间，好几个乘务员围在我身边，谈论这个坚持陪女儿搭飞机的疯子。

　　我非常认真地扮演保护子女的角色。不久前，我在报上读到一则消息：一家航空公司将一名6岁的男孩和一名15岁大的男孩安置在旅馆的同一个房间，6岁男孩的母亲为此而动怒。他们搭乘的飞机因为天气不佳延迟起飞，航空公司只好将每位旅客安置在旅馆内。为了省钱，他们要求这两个男孩住在同一个房间。根据这位母亲的说辞，大男孩对她儿子性骚扰。

　　我可以理解这个母亲的愤怒，但另一方面，我也想不通她为什么会认为6岁大的儿子已经成熟到可以独自旅行。班机经常中途停飞、改变航线，或是被取消。许多父母漫不经心地让这么小的子女自己去搭乘横越全国的班机，我觉得真是不可思议。

　　我尊重保护子女的父母，就算对我造成不便。有一个父亲我真的很佩服，多半是因为他拒绝我和他上高中的女儿约会。（我想这显示他颇有见地）

　　这位父亲有个担任督学，十分受人景仰的友人，打扮独特（总是打领结），是会去听交响乐或担任艺术评议委员那种人。这个友人把我想追的这个女孩的父亲拉到一旁，说："你真的不应该让你女儿和李曼家的这个孩子约会。他是个很烂的学生，也不是什么好人。"

　　他说对了一半，我的确是个很烂的学生，但我不认为自己是个坏人。无论如何，我尊重出面干预以保护女儿的父亲，就算他们偶尔会误判一位善良的青少年（我青春年少的所有优点完全被他们抹煞），他们的手段还是好过不指导子女、不保护子女，或因为太忙而不关心子女的父亲。

第七章　信任小姐（Miss Trust）

爱女儿

爱爸爸

就算女儿有时可能会憎恶你对她们的保护，但保护她们，就能为她们的个性培养出一个重要的特质，那就是：信任。

你可以将大多数的女人分为两类。一类是信任小姐（Miss Trust），一类是不信任小姐（Mistrust）。当个信任小姐或不信任小姐有很大的差异，而父亲是造成这种差异的关键。把女儿调教成信任小姐，是留给女婿最丰硕的遗产。

如果我能让时光倒流，让6岁的女儿萝仁再次回到只有两岁大，我可以进行一项实验，一项令妻子吓得发抖，却能向观众证明我的论点的实验。好比说，我叫萝仁上台，然后告诉她开始从一个6米高的梯子往上爬，不是爬到顶端，只是爬到1.5米～1.8米高的地方。如果我接着告诉她往下跳进我的手臂，她会毫不犹豫地照做。

接下来，我可以唆使她再往上多爬几个阶梯。假设她现在已经到达离地面3米的高度。"来吧，甜心"，我会说："跳进爸的手臂。"她可能会不假思索地像个自由落体往下跳，而珊蒂会立刻将我们家的每个梯子扔掉。

即使只有两岁大，萝仁也完全信任我。她知道我不会做任何伤害她的事，她知道如果我说会接住她，就会接住她。小女孩就是这么信任她的爸爸。

但愿我能允许你们这些男士参加我的讲习课，好让你们亲眼目睹不信任别人的妇女是怎么回事。这些妇女儿时曾爬上那个"梯子"往下跳的时候，她们的父亲改变主意往后退，让她们摔了下来。或许小女孩记得6岁的时候父亲曾经轻拍着她的头，答应说虽然他和小女孩的母亲正准备离婚，但他一个礼拜会打3次电话给她，可是才第一个礼拜，他就食言了。或许她的父亲不断地答应说"明天"要带她去逛街，可是从来不曾履行过诺言。父亲可能告诉女孩自己正在"戒酒"，然后满口酒气、步伐蹒跚地回到家。

这些妇女的内心深处往往藏着一把怒火，这是可以想象的。她们人生中的重要人物，一个她们以为比任何其他人更信得过的人，让她们失望了。结果，这些妇女终其一生往往不能轻易相信别人。

值得信赖、从不撒谎、履行诺言、能依赖的父亲，可以让女儿从不信任变成信任小姐。

信任小姐的婚姻有以下的特征：婚后不受束缚、自动自发、与夫婿平起平坐；她不怕告诉另一半自己内心到底在想些什么；对于自己的软弱，她不会逃避，反而勇敢面对。这是个关键，因为每个优秀的心理学家都会告诉你，沟通是一桩成功的婚姻不可或缺的要素，而想拥有良好的沟通技巧，就必须愿意面对自己的软弱。

信任能使一个女人做好充分的准备，在日后成为另一半的良伴。一个女人如果害怕面对自己的软弱，对男人就无法信任，在另一半面前就会畏首畏脚，这会让她的先生感到挫败，他会觉得自己不能满足她的需要；他可以感觉到她不信任自己，他会觉得自己被藐视、卑微、没出息。想让丈夫在外面拈花惹草，或是婚姻夭折，不信任是一剂妙方。

更糟的是，父亲如果不能刻意为女儿培养出信任感，她日后就会被好玩弄女人的男人或男孩利用。

爱女儿

爱爸爸

不信任小姐：容易被利用

一家危机怀孕中心经验老到的主任发现，麻木不仁的女孩越来越多，她们连自己的感觉是什么也搞不清楚。

"当我看到她们掉下眼泪，就知道我说中了她们的心坎"，她说。她已经学会怎样去鼓励这些年轻女性说出自己内心的想法，再为这些想法归类，借此帮助她们了解自己的喜、怒、哀、乐等种种情绪。

不幸的是，从她开始从事咨询工作以后，就发现现在的年轻女性远比过去更难察觉到自己有被遗弃的感觉。

一名少女怀了男友的孩子后被抛弃，但她却不懂自己内心那股"怪怪"的感觉是怎么回事。"他爱我"，女孩强调，主任和心理辅导人员听了，努力克制自己不要摇头。

麻烦才刚出现，女孩正觉得十分软弱，对未来充满恐惧之际，男孩就开溜了，对女孩置之不理，这怎么可能是爱呢？

我相信这些年轻女性之所以会将遗弃和爱搞混，原因在于她们的父亲就是用这种方式"爱"她们的。就算父亲对她们很冷淡，她们还是相信父亲关心她们。这严重扭曲了她们看待事情的角度。她们不期待忠实；她们不了解信任是感情当中极为重要的一环。只要她们觉得自己坠入爱河，或是只要一个男孩告诉她他爱她，她就相信这是真爱。

父亲如果没有为女儿培养信任感，没有树立忠贞与诚信的榜样，就会害她被很多男人利用。不管她是否学会怎么应付这个问题，爸爸在她的人生所撒下的不信任的种子，会一直和她内心狂乱的旋律相互唱和。

这个现象让我想到那些新的"神奇粘胶"。这玩意儿是用来修补布料的破洞，不用针线，只要将粘胶往裂缝涂，裂缝就不见了，但你将修补处对着光线照，裂缝又会看得一清二楚。

有些女人就像这样。人生当中有一个破口，但从外表看来，好像一切都修补好了。"这是耶和华所定的日子，我们在其中要高兴欢喜。"有的女人会这么说，可是当生活起了一点波澜，她立刻惊慌失措。她没有信任的基础当靠山，缺乏安全感。她表现得像个溺水的人，自己吓得要命，还可能把别人一起拖下水。

她可能并不明白究竟怎么了，甚至不认为自己的小过错和自己怕受伤有关，但事实就是如此。"没问题，我们可以做爱，可是一定要关灯，盖着棉被，在床的这一边做，下面要铺毛巾。"

对男人来说，这个想法令人兴奋的程度比洗假发好不到哪里去，但他还是假装合作，因为他察觉只要努力刺探究竟是怎么一回事，就会唤醒一只熊，他的确会的。

女儿如果学会信任自己的爸爸，就能坦然面对自己的丈夫。性行为本来就会让人变得很脆弱。在一个男人面前赤裸着身体，让许多女人感到害怕。妇女如果有信任的问题，婚后将很难享受和伴侣的肌肤之亲。

培养信任感另一个最大的障碍是父母离异。一个抛弃妻子的男人，当然很难取得女儿的信任。

爱女儿
爱爸爸

105

迪斯尼式的父亲

"爸，我只是要你明白一件事：我已经原谅你了。"

"原谅我？"法兰克问："原谅我什么？过去 10 年来每次放假都和你一起度过？带你去迪斯尼乐园和华府玩？你的生活费总是我在付？这几件事，你到底要原谅我哪一件？"

法兰克内心激动不已，连他自己也吓一跳。显然，女儿触及了他的痛处。

"原谅你抛弃我和妈妈。"

法兰克倒抽一口气，他从来没有想到这一点。他的女儿茱莉今年 18 岁。法兰克在 10 年前离开前妻，也就是茱莉的妈妈，后即再婚，事发当时，茱莉知道发生了什么事。

令人讶异的是，法兰克失算了。不知道基于什么理由，他以为三个子女对事情的认知将永远停留在 10 岁、8 岁、6 岁的孩子所能理解的程度，他从来没有想到孩子会长大，不管他对自己的离开出走如何自圆其说，终有一天他们会明白，会自己下结论。

老爸们，我在这里要告诉你们，遗弃家人，然后带孩子到迪斯尼，以减轻你的罪恶感，这不能让孩子对你产生信任感，甚至可能损害他们对你的信任感。理由如下：

数不清的妇女为了得花两三天的时间来修复女儿上次与父亲出游所造成的伤害，心灰意冷地来到我的办公室向我求助。"过去 10 年来，他一周工作 50 个小时，礼拜五晚上玩掷标游戏，礼拜六一整天几乎都待在高尔夫球场。"这些母亲会这么告诉我："到了礼拜天，想把他从床上拉起来，几乎不太可能。现在好了，突然间他把养育子女的全部责任保留到一年两次的旅行。旅行时他从早到晚载着孩子到处跑，好让他们开心。他们回到家时筋疲力尽，搞不懂和我在一起的日子为什么这么无聊。这一阵子我注意到女儿回我话的语气尖锐，更别提每次叫她做什么，总是莽撞得很。"

　　父母离异以后，往往争相吸引孩子的注意。这并不能培养出信任感，只会制造敌意，而敌意通常是因为父亲利用他的优势而开始的。母亲的经济状况通常没有父亲好，不可能和父亲送的礼物、旅行、逛街等相比较。等孩子又在描述一天 24 小时充满乐子，说什么："那几天行程排得满满的"之类的话时，母亲一定会摇头。

　　如果母亲以身作则，就能为女儿培养出信任感。如果父母不和，女儿就会学到对人要提高警觉。她看到母亲将头埋在枕头里面哭，听到母亲向一位友人倾诉心声，知道父亲是造成这种种痛苦的祸首。想让女儿忘掉母亲的痛苦，父亲根本办不到。

　　离婚的父母们，我能和你们双方谈谈吗？我知道你们当初就意见不合（你们就是这样才离婚的嘛），但是何不坐下来，看清楚这一点：就算你们已经离婚，为了女儿着想，也应该好好合作，找出你们俩都能容忍的策略。问问你们自己，能不能暂时放下武器，好好商量怎么做对女儿最好？能不能达成这样的协议：女儿到另一个父母家中时，将会继续遵守平日生活的基本规矩，好比就寝、饮食、约会等。

　　如果你们能达成这样的协议，至少女儿看了父亲以后，母亲来接她时不会满脸担忧，也不会问一些问题，破坏女儿对父亲的

爱女儿

爱爸爸

信任，好比："你在外面待到多晚？他让你吃得好吗？你看来好疲倦，你真的没有太晚睡？"

有这种习惯的母亲，会间接在女儿心目中播下怀疑的种子，日后将发展成全然的不信任。她等于间接告诉女儿："提防你父亲，别指望他会为你做最好的安排。我不得不让你去看他，但是又很害怕。"

这样的一部脚本，每个角色都是输家，尤其会对女儿的精神造成永久的伤害。

现在，让我们看看父亲如何将女儿调教成信任小姐，而不会不信任。

信任小姐：乐于享受亲密关系

小女儿萝仁 6 岁大的时候，偶尔会在半夜起来，一年大约会发生一次。当我看到她站在床沿，会知道这不是反抗的行径，而是有什么不对劲的地方。

"亲爱的萝仁，有什么问题吗？"我问。

"爸，我房间有一只蜘蛛，我怕怕。"

不久前，我才将她哄进房间。现在，又和她一起回去，当然少不了要表演一下："小蜘蛛不会伤了你。会没事的。我知道你怕，不过你会没事的。"

"可是，爸，要是它咬我怎么办？"

"这个嘛……听我的。你要是愿意，可以睡楼上那张水床，只是你要是睡在那里，你的那些小朋友们可能会想念你的。"只要是填充动物玩具，萝仁没有不喜欢的。每天晚上，她置身在数不清的动物玩具中。

提到她那些毛茸茸的玩具，萝仁变得左右为难。我可以察觉到她的小脑袋转个不停，我应该留在房间，和我的小朋友在一起，然后被可怕的大蜘蛛吃掉？还是应该冒险触犯那些软绵绵、好敏感的动物，到别的地方睡呢？

对1米高的小不点儿来说，再也没有什么决定比这个更棘手的了。

萝仁在地毯上擦脚指头，然后抬起头来看着我，说："爸，如果你和我一样小，你会怎么办？"

"嗯，"我用一种能让她信任的语气说道："我今晚要是变成小孩子，我想我会睡在楼上的水床，因为我知道爸会找蜘蛛巡逻队来追缉那只蜘蛛，而且会确保明天晚上蜘蛛不在房间里。"

萝仁松了一口气。她已做好决定；她要到楼上睡。重担解除了，因为她知道可以信任父亲，所以不再担心。

诸如此类的短暂时刻，是让女儿学会信任男人的关键。为她们的个性培养出信任感，就是在这样的时刻。信任感有就是有，没有就是没有，假装不了。

这是缺席的父亲会遭遇的其中一个问题。你不知道女儿什么时候会害怕。如果你没有和她住在一起，或老是待在办公室，或老是和男同事出去，你的小女儿将学会怎么应付，但永远学不会去信任男人，也无法面对自己的软弱。

当然，只是待在家里还不够。信任感也往往是在一起冒险时培养起来的。克丽西还很小的时候，有一回，才扭伤手臂不久，

109

第七章　信任小姐（Miss Trust）

爱女儿　爱爸爸

就要求和我一起去钓鱼。

沿途我们必须跋山涉水。这水倒不是什么危险的河流，而是一条鳟鱼游经的小溪，有几处湍流。克丽西当时还很小，水流拍击她的小脚，她紧抓着我，我望着她的脸，看到她的眼神充满恐惧，但奇怪的事发生了。她抬头看着我，和我对望，恐惧大为减轻，虽然没有完全消失，但后面隐藏着一股因信任感而产生的信心。或许我长得不像汤姆·克鲁斯，但在那一刻，克丽西并不想看到一位电影明星，她要看到父亲。

这些捉摸不定的时刻，会深深影响一个女孩的心灵。女儿过去害怕时学到了父亲会陪她渡过难关，日后，她将有信心能和丈夫一起排解生活的恐惧。

除了正视女儿的恐惧，父亲还可以平息女儿生活周遭的混乱，借此培养出她的信任感。

混乱的小孩

看过"拯救大兵瑞恩"这部电影的人，都知道战争最可怕的地方就是失序的状态。英美联军猛攻诺曼底海滩之后，四面八方都面对着不共戴天的敌军。德军的隆美尔元帅（Erwin Rommel）下令以猛烈的炮火来守护奥马哈海滩，交叉火网、俯射、贴地射（grazing fire）等，各式各样的德军枪支瞄准每一寸土地。美军知道自己要是滞留在海边，一定会丧命，可是前进就得吃机关枪子弹。做这样的决定，会让人神经衰弱。选错了就要接受死亡这项终极的惩罚。但是，什么也不做，还是得付出同样的代价。

虽然我们生活在和平时代，但在我们的孩子看来，这个世界还是有点混乱。我们可以为他们的世界维持秩序，进而帮他们建立信心和信任。

小孩子往往知道他们不应该使性子，许多父母并不了解这一点。调皮捣蛋、不守规矩的孩子，内心经常在叫喊："谁能帮我好好控制我自己啊？"

荷莉从小就知道我的管教具有这个目的。管教能使她产生信任感："爸爸会一直监视我，我要是失控，他会约束我。"现在，她有机会来约束其他孩子的生活。

荷莉教书的头一年，学生的家长经常跑来找我，而且不到3分钟，我一定会听到拘留学生的字眼。荷莉的妈教出来的孩子可不是傻瓜。学生要是没有准备就来上学，她会在放学后把他们留下来，以确保不会再发生同样的事。

经过一段时间，荷莉才明白会自我控制的孩子少之又少。教了几年书以后，荷莉告诉我："等到我访问过所有学生的家庭以后，才完全明白自己小时候过得多么快乐，我的家庭又有多么棒。"

荷莉在家中学会秩序。我们从前训练她要遵守纪律，现在她将花一生的努力来平息其他孩子生活中的混乱。

男士们，你们如果喜欢挑战，想想看以秩序克服混乱的意思是什么：不外乎就是照着上天的形象来过日子。上天就是这么做的，不是吗？上天在空虚混沌之中实现他的旨意，达到他的目的，创造天地万物。

因为上天能做到这一点，我们学会信靠他，因为他已通过我们的人生向我们证明他能使我们在一片混乱中恢复秩序，所以我们愿意用自己的救助法来担保他所说的话是真的。上天希望我们

爱女儿
爱爸爸

在家里也要这么做。

这么做就是要维持家中的秩序。不要让妈妈一个人负责所有的管教，我们当父亲的也要做点事。我们知道如果不限制孩子的时间表，他们就会无所适从而做过了头，所以需要帮他们设限。我们要尽量营造健康的气氛，自己宣扬的事要身体力行，传达的信息要一清二楚、没有妥协的余地、前后一致。在女儿面前要言行一致；在家中示范她们在学校学到的事物。

生活在一个失序的世界，每一个小女孩的心灵都应该能在家中得到安歇。我们当父亲的可以给女儿一个小小的避难所，在这里面她们清楚地了解人家对她们的期待。男士们，这样的结果不会偶然发生。不好好做生意，就会失败，放任庭院不管，就会回复过去的一片荒芜。家里也一样。如果父亲不在家中建立秩序，就会导致混乱。

父亲为女儿培养信任感的另一个方法是制造有益身心的恐惧。

有益身心的恐惧

克丽西最近上了我和别人一起主持的电台节目。另一位主持人问克丽西当我的女儿是怎么一回事，克丽西提到的其中一点，是我让她培养出"正面而非负面的恐惧"。我的伙伴接着问我，正面的恐惧和负面的恐惧有什么不同。

正面的恐惧是这样的：当父亲说将会发生什么事，就会发生什么事。女儿知道某些行为会引发可预料的反应。女儿要是想做坏事，这样的认识会让她害怕，不过，让女儿了解这个世界的运作方式，终究还是有好处。

老爸们，如果你们想将女儿调教成信任小姐，而不被迷失信任的问题所苦，就要坚守立场，但不要太过死心眼，以致于伤了自己。小心别把自己困在死胡同里。自己制定的规则自己要遵守，否则，混乱就会悄悄溜进你们家。

信任的根源在于心安和一致。当女儿觉得规则老是变来变去，或是父亲一生气她就见风转舵，事实上会产生负面的恐惧，因为她明白："一切都得靠我自己。除非我能说服自己摆脱这个局面，否则注定会失败。"

前后一致的父亲令女儿心安。女儿知道 A 会导致 B，不必费猜疑，这样的结果其实更令人宽心，她学会信任别人。

想让女儿产生有益身心的恐惧，除了前后一致，另一个方法是和蔼可亲。就算我们生气的理由明正言顺，也要让女儿明白我们绝不会辱骂她、虐待她。她们必须确信我们会好好处理负面情绪，而不会任其演变成不妥的行为。

小涵娜才刚学会写字的时候，要是遇到麻烦，就写这么短短几句话：

> 爸，我希望你不再生气。当你不再生气的时候，请
> 告诉我，因为我有事情要问你。
>
> 涵娜

涵娜知道我在生气，也知道或许应当等到我息怒以后才和我交谈。不过，她也确信我们的关系稳如磐石。她可以期待我们在不久的将来就可以用言语沟通。她的信表现出有益身心的恐惧，兼具尊重与信任。她知道我对她不高兴，但也知道我仍然眷顾她、

爱女儿
爱爸爸

疼惜她。

嫁人时，她将会记得摩擦不见得就会导致虐待、长期疏远、关系破裂。她已学会信任别人，遇到冲突时不会逃避。

父亲前后一致的管教加上对孩子的挚爱，将能创造出一件非常奇妙的东西：一位信任别人而成熟的年轻女子。这一章的结尾，让我附上荷莉所写的一封信。她在多年前的父亲节送我一张卡片，这些想法就写在这张卡片上。

> 亲爱的爸：
>
> 你真的给了我一生美好的回忆。记得以前我们每次玩大灰狼的时候，你把我藏在椅垫内，然后转身去拿胡椒粉好让我逃走，而我还以为自己精得很！现在回想起来，仍会露出微笑。
>
> 我还记得有一个晚上，你把所有的灯关上，拿着一只光影摇曳的蜡烛走到大厅，让我们看到毛茸茸的哈奇的影子慢慢地走近我们的房间……而我还以为自己好勇敢呢。
>
> 我还记得你总是牵着我的手陪我捱过那些可怕的手术，说我能在磁共振成像管内坐上一个小时是多么勇敢，因为你自己永远也办不到；记得你带我们去波特兰的那段旅程，居然很好玩……我认为过去自己是多么孤单。
>
> 我还记得上大学的时候你利用三张粘贴式小纸条写给我的信，信中说你记得自己21岁的时候心想："就是这样？"对自己明明已是个大人却不觉得像个大人，感到

困惑。我至今仍然保存着那三张褪色的小纸条，你在那上面告诉我你能体会我的感受，你以我为荣……我当时认为自己好独立。

最近这一年，你真的拯救了我，我伤心痛哭时你抱着我，我向你倾吐自己终于明白爱情有时也有局限，为此感到绝望和沮丧，你倾听了好几个小时。你的温柔帮我渡过这一年的难关，你的鼓励给了我力量……我认为过去做得完全正确。

你已给我许多美好的回忆，写也写不完。你使我的人生比过去光明一千倍，我深爱你的程度，笔墨难以形容。你真是世上最好的爸爸，没有你，我不知道自己会沦落到哪里去。谢谢你过去和现在为我所做的一切……我知道我对你感激不尽。

我爱你，爸！

荷莉

这封信透露出一个女儿的心情。我们不可能摆出一副高傲的姿态来为女儿培养信任感，也不可能一个月只抽出两个周末就达到这个目的。培养信任感以及建立良好的关系，要靠一起玩乐、一起面对担忧、一起经历疾病和受伤、一起承受伤心和痛苦。这是一生的旅程，而目的地则是美好无比。

父亲，你要从今天开始为女儿培养信任感吗？

爱女儿

爱爸爸

第八章 化失败为祝福

父亲能赐给女儿一个非常重要的东西，就是让她享有失败的自由。

完美主义会糟蹋年轻女子。自己永远是对的、永远漂漂亮亮、永远完美……这种心态对女性造成的伤害，就我所知，比什么都来得严重。

今天的年轻女性容许犯的错，实在少得可怜。成长阶段体重要是增加五磅，她们会觉得自己很胖；成绩单上要是每科都是乙等，她们会觉得自己很笨；舞会上要是没有人邀请她们跳舞，她们会觉得自己很丑。

接纳女儿是父亲的义务，因为年轻女子需要男性的认可，而且是免费赠予而不是用钱或其他方式赚来的认可。母亲完全不能给女儿真正需要的东西：一个喜欢她、钟爱她、肯定她的男性，一个不管她是不是笨蛋、是不是穿特大号的衣服、是不是姿色平平，都会把她捧上天的男性。女儿绝不应该觉得父亲眼中的自己只是"普普通通"而已。

我要我的孩子们知道失败没关系，我还是一样爱他们。我的爱是没有条件的，他们不必美若天仙、身手矫健、聪明绝顶，当然也不必瘦得像排骨，我依然爱他们。

示范失败

我经常在美国、加拿大各个基督教团体演讲。我喜欢问听众一个容易中了我的圈套的问题："今晚你们当中可有任何人认为自己可以当个更好的基督徒？"

几乎毫无例外，每个人都会举起手来。每个人都认为自己需要当个"更好"的基督徒。

我喜欢在这时候挥出致命的一击："要知道，事实上，你不能当个更好的基督徒。想当个'更好'的基督徒有点像是想当个'更好'的孕妇。你要么是孕妇，要么不是孕妇；要么是基督徒，要么不是基督徒。上帝并没有公布成绩，让差劲的基督徒拿着丁等的成绩单游街，让少数几位超级的圣人把甲上的试卷带在身上。信仰的评分方式只有及格和不及格两种。你要不是进到里面，就是留在外面。"

很多人这么告诉自己："终有一天，我的信心会坚强到足以当上天要我当的那种人。"这是个谎言，会阻碍我们真正享受我们的生活。

我知道你们当中有些人会说什么。"你不了解我的状况，李曼，我有罪，我正在努力纠正性格上某些严重的问题。"

或许真的如此吧，但我要传递的信息还是一样。就算我们不尽完美，我们还是可以来改变这个世界。

爱女儿　爱爸爸

演讲时一说完这句话，我就看到听众频频点头。人们内心深处明白这一点，可是却把它给忘了，决定追求"完美"这个捉摸不定的质量，而在不自觉中，束缚了自己和周遭的人，包括我们的女儿。

每当我想到"某些失败者"最后终于成功，而且成就超过他们原来最具野心的梦想，我总会窃笑，这些人好比历史上最畅销的小说家之一格雷（Zane Grey）。出版商曾经告诉他，他不会写东西。告诉他的成千上万的读者这句话吧。从前有很多人认为爱迪生发明的电梯无法升到顶楼，爱因斯坦成不了什么气候。许多杰出人才都曾经被看扁。

别人把我们看扁是一回事，更糟的是我们自己把自己看扁。看到那么高比例的年轻女性把自己看扁，真令人伤心。在她们父亲眼中，她们从来就没有把事情做好过。她们在他脸上看到谴责、失望、批评，开始主观地认为自己不能对这个世界有任何贡献。她们可能拥有许多优点，但她们知道永远有人比她漂亮一点、身手比她矫健一点、比她聪明一点，只因为她们没有任何一个地方是顶尖的，就认为自己一败涂地。

我愿意打破这个迷思，为黑暗的家庭带来一些光明。

法利赛人的亮光

你要看看法利赛人眼中那种亮光吗？那么，照着我喜欢在演讲的时候所做的去做吧。

"你知道今天的父母的确该做的是什么吗？"我会问。

"仔细听好，因为这是我所传授过的养育儿女之道最重要的一课。准备好了吗？你们必须向子女夸耀你们的失败。"

我得承认，说这样的话，让我很有快感！

有太多的父母认为他们在儿女面前必须表现出"完美的父母"纯朴、没有犯过错的形象。事实上，这么做会造成极大的伤害。

的确，我知道我要当女儿的榜样，我不能回避这个责任，不过，我也同样明白我这个榜样并不完美。要女儿在未来学会处理自己人生中的失败，必须先看看她们的父亲如何处理他的失败。这意味着他不能掩饰自己的失败。

莉萨育有三个子女。其中一个女儿因为课业不及格而痛责自己，她强调反正自己永远也读不好书，那么又何必努力用功呢？这个时候，莉萨的先生葛利格拿出一叠信。葛利格是一位全职专业的音乐家，但他手里拿的，是过去 8 年来他努力想挤进音乐圈这个窄门时所收到的 150 封回绝信。

"洁西卡，我要是轻易就放弃了"，他说："就不能做这世上最爱做的事了。第一次尝试不顺利，不表示你失败，除非你放弃。最棒的成功，往往经历过多次的失败。"

说老实话，我相信自己的书这么受欢迎的原因、我经常受邀上电视的原因，是因为我不是你们心目中典型的精神病学家。你如果在路上和我擦身而过，又不会认出我，你绝对猜不到我是一名专业的心理学家。当我和青少年谈话、和他们的父母谈话、和任何人谈话时，我只是个普通人。我承认从失败的经验学到的东西，不少于从成功所学到的东西。不过，这一点也不会让人们背弃我，反而能帮助人们认同我。

养育子女的原则也一样。在孩子面前当个普通人吧。让他们

爱女儿

爱爸爸

知道当你和他们一样年纪时怎么失败过，现在又是怎么失败，好让他能从失败的经验中学习。

还有，别老是将相安无事当成福气。

相安无事的问题

我记得大女儿和二女儿一起生活的 22 年间，有一天两人完全没有争吵，这是多么值得庆幸的一天啊！不过，我并不认为我们对孩子的养育失败了。我并不认为没有冲突一定就表示成熟。

我们活在一个冲突不断的世界，教导孩子怎样处理冲突非常重要。如果他们从来没有和人家起过争执，想教他们处理冲突并不容易，这有点像是教刚果人滑雪，他们从来没有看过雪，必须假装脚底下的沙子很滑。

这是化解孩子的失败为祝福的其中一环。我们的目的不在终止所有的冲突，而是让他们学习怎样解决冲突。大多数的父亲很在意孩子是否和人家相安无事、安安静静，相比较起来，对他们的个性就不那么在意。暴君可以强迫人民遵守他的命令，但有谁愿意生活在纳粹统治下的德国？有一些东西比命令更重要。

不只是兄弟姐妹会发生冲突，有时候父女也会，而父女一旦发生冲突，父亲应该教导女儿怎样克服歧见。

一天早上，当时 3 岁大的萝仁在逗我们的小狗巴克里，就像一般小女孩常做的那样（巴克里血统纯正，是我们向喜剧演员盖瑞·珊德林（Garry Shandling）的母亲买来的）。萝仁在小狗面前拿着一片饼干，用孩子气、平平的声调叫着："巴克里，要吃吗？要吃吗？巴克里，要吃吗？要吃吗？"

克丽西和我觉得她看来可爱极了，于是模仿她："萝仁，要吃吗？要吃吗？萝仁，要吃吗？要吃吗？"

萝仁一言不发，从凳子上滑下来，离开了房间。

"哇，"克丽西说："我想事情不太妙。"

我走进隔壁的房间，看到萝仁瞥了我一眼。我向她走近，她立刻倒退。她的卧室在楼下，她慢慢地移到二楼的楼梯口。我前进一步，她就往楼下后退一步，我再前进一步，她就再退后一步。最后，她下到一楼，跑进她的房间，把门锁上。

克丽西来到她的房门前，看看是不是能和她讲和。"亲爱的萝仁，"她隔着门说："我们不是在取笑你，我们只是觉得你好可爱，不过就是这样嘛。"

萝仁用一种只有悲伤的孩子才发得出来的语调，断然宣布："你要说对不起。"

"我真的很对不起，亲爱的萝仁，真的很对不起。"

"不是这样，你要用写的。"

别忘了，萝仁只有 3 岁大。她根本不识字，不过克丽西还是乖乖照做。但尽管如此，萝仁还是不肯开门。

"爸也要说对不起"，她隔着那扇依然紧锁的房门说。

我来到楼下，向她道歉，可是萝仁对我重复同样的话。"你要用写的。"

我拿一张纸，写下："萝仁，我非常、非常、非常对不起。我爱你。爸爸。"

两张纸条从门下面的细缝递进去以后，萝仁才肯把门打开，与我们和好。

　　我或许不会分辨活动扳钳和新月形扳钳，不会分辨引擎化油器和起动器，不过我擅长一件事，那就是说"对不起"。我的家人对这三个字并不陌生。

　　就我所知，对不起是促进父女间的亲密关系最有力的秘诀。你大可当个爱摆架子的父母，为自己的愚昧沾沾自喜，不自觉地伤了孩子，不过，只要你一认出自己的荒谬就说对不起，你那老虎般凶猛反抗的女儿，会开始像只驯服的小猫发出满足的喵喵声。她可是迫不及待地想原谅你呢。

　　除非你父母的名字叫做约瑟和玛丽亚，而你出生在马槽，否则你最好学着向子女道歉。从古到今，这世上只出过一个完美的人（耶稣），但老兄，你可不是他！如果说出"对不起"这几个字对你来说特别难，下次趁你在刮胡子的时候练习吧。先说"对"这个字，停顿10秒后再说"不起"。下次将停顿的时间缩到8秒，再缩到6秒，再缩到4秒，最后将这个三个字连在一起说。快快地说出对不起，将是你所学过的工具当中，最有价值的。

　　不过，以道歉来解决冲突只是"示范失败"这门艺术的第一个步骤。你还必须让女儿了解你怎么处理尴尬不已的场面。

我竟然做了这种事！

　　"孩子，听听这个吧"，我开始娓娓道来。他们喜欢听我讲遇到知名人士的故事。

　　"这女人走到我身边，说：'你说得对极了，真是对极了，李曼博士！'"

　　"'这女人是谁?'我问自己。"

"'啊，对了'，她说，'我是薛薛（CeCe），杰拉多的太太。'"

我刚录完杰拉多·里维拉（Geraldo Rivera）节目的其中一段，薛薛想让我知道她非常同意我在节目中所说的话。

我继续说下去。"接着她带我到杰拉多的化妆室，根本不让我有说不的机会。"

"真的吗？爸？"其中一个女儿问到："你真的到了她的化妆室？"

"是真的，"我说："接着，杰拉多也进来了，很好奇我和他太太在那里做什么！"

孩子们全都笑了。

"不过她的父母也在场。但杰拉多还是在想，我还以为我们已经和这家伙道别了。他为什么还在这里闲晃呢？"

"接下来发生什么事？"孩子们想知道。

"接下来，我不小心把他的啤酒打翻到地上。"

"不会吧！"

"会的。"

"真的吗？"

"是真的。酒瓶破了，酒洒得满地都是。"

他们笑得人仰马翻。"真的吗？"他们尖叫："你在杰拉多的化妆室将他的啤酒打翻在地上？"

"没错。是一瓶海尼根。"

不知为什么，这让他们觉得更好笑。全家人笑成一团。

"我不相信你打翻了杰拉多的啤酒"，他们不断重复这句话。

这到底是怎么一回事？高中、国中，甚至小学生怕陷入尴尬

123

的场面怕得要死。他们许多人认为发生在他们身上最严重的事，无非就是被取笑或是做了蠢事。女孩子尤其会这么想。在学校的自助餐厅听到的无心话语，足以震撼她们脆弱的心灵长达好几个礼拜。

这就是为什么我习惯让孩子知道我看来糟透了的窘境。我在知名人士的化妆室里，然后，和蔼可亲的李曼博士干了什么好事？他把杰拉多的啤酒打翻在地上！

这么做，能让孩子以更实际的眼光来看待人生。不幸的是，大多数的孩子看到的我们，都是处在一个理想化的环境中。我们在家里这个受制于我们的环境中发号施令，几乎不犯错。我们充满自信、胸有成竹、负责一切。这不成问题，可是，也让他们看看我们在职场上比较不自信甚至有点怕老板的情形（我认为带女儿和你一起去上班是个好主意），好吗？让女儿发现别人可以任意差使你，对你来说可能很没有面子，但另一方面，这可以让他们学会听任老师的差使，还有你的差使！

带我的女儿和我一起去工作，有时就是带她们到我的咨询办公室，有时则是带她们和欧普拉、杜南胡（Phil Donahue）或雷吉、凯蒂·李（Regis and Kathy Lee）见面（译注：以上均为美国家喻户晓脱口秀的主持人）。而即使是后者，我也努力让女儿们以比较实际的眼光来看待人生。我要女儿了解这些名人是真实人物。他们之所以有光鲜的外表，是因为他们以重金聘请一个人帮他们把头发吹得完美无缺，另一个人帮他们化妆，还有一个人负责打点他们特别订制的服装。

小孩子很容易夸大自己的缺点，以为别人如神仙般幸福。辛迪·克劳馥早上起来和我们每个人一样两眼浮肿，和我们每个人一样披头散发。她要是不先梳妆打扮一番，杂志编辑可不敢将她的照片放在封面上。

带女儿和我们一起上班，向她们描述我们的失败，就有机会提醒她们，我们也有丢脸的时候，那是人生必经的一环，会发生在每个人身上。学习怎么处理尴尬的场面是必备的本领。我不希望她们因为自己感到尴尬，就企图让别人也感到尴尬。我要让她们看看父亲是怎么处理，也要让她们知道尴尬的事会发生在她们眼中的大人物身上。

教你的孩子怎么处理自己的尴尬。告诉他们你的故事，不要隐瞒任何你自认为有罪的细节。让孩子和父母一起哈哈笑，有很大的疗效。这向他们示范了自我解嘲没有什么问题。这么做不但安全，我认为还能帮助他们培养有益身心的幽默感。

你们如果标举一位从来没有失败过、从来没有被人家取笑过、从来没有做过什么糗事的男性或女性当孩子们的榜样，那么，当他们失败或做了糗事的时候，会觉得非常没有面子。我的孩子知道我的一切弱点。他们知道我患有轻微的"幽闭恐惧症"（Claustr-ophobic）。你要是上了一架我订了位的飞机却没有看到我坐在前排的位子，准是出了什么问题。那是我的位子，我非得坐在那里不可。根据我的分析，美国航空公司可以另外找到三百个愿意被拘禁在狭小空间的人。我因为经常飞来飞去，航空公司才肯包容我的怪癖，给我方便。否则，这个毛病就会发作，让我背脊发毛。

每个人都会遇到糗事，都会失败，都有缺点。让女儿理解这

爱女儿 爱爸爸

个事实，给她们这样的自由，将是留给她们的珍贵遗产。这样的认知对培养她们的自信大有帮助（而自信正是应付这个残酷的世界必备的武器）也可以帮助她们避免做出错误的决定，造成长期的损害。

除了教导女儿怎么处理失败和尴尬，你也应该帮助她们对成功采取健康而平和的观点。我注意到越来越多的父母空有一片好意，却可能危害自己的子女。让我们谈一下美国文化对成就的热衷，以及这对一个过分讲究完美的女儿所造成的致命影响。

汲汲追求成就

当荷莉刚上大学的时候，我们这位大女儿的成绩开始从原来的全部甲等下滑到全部丙等。若干年后，有人问她有关我的反应，她的回答如下：

"我爸爸并没有反应过度。他的态度是：'这些分数是你自己的。你的人生也是你自己的；你的分数如果不够好，将来要不是自食其果，就是得到奖赏。'"

女儿们求学期间，我一直向她们强调良好教育的价值，但我从来不会让她们觉得分数就是全部。事实上，有时候我会走到另一个极端。孩子拿到成绩单的时候，他们知道我比较注意老师对她们的个性所写的评语，对于实际的分数反倒不那么在意。我要孩子们明白，真正重要的是你做怎样的人，而不是你成就了什么事。

然而，我们这个社会，往往将焦点摆在我们能成就多少事情，为了这个不太正确的观点，我们的孩子被当成牺牲品。一个下午的手机谈话内容就像这样：

"鲍伯，你在干么？"

"我在健身房。亚雪莉呢？"

"哎呀，礼拜一晚上她要上空手道！你应该去活动中心才对呀。她的老师刚打电话来。"

"我还以为礼拜一晚上是篮球呢。"

"篮球排在礼拜二，上完女童子军以后。你最好赶快赶到活动中心！"

"好吧，我现在就去开车。对了，我们晚上吃什么？"

"不知道。梅根的乐队练习快要来不及了。你何不顺道买点汉堡呢？"如果你将孩子的自尊和成就混为一谈，就会逼小家伙拼命寻找自己擅长的东西，把自己搞得筋疲力尽。这就是李曼家不时兴参加各种社团活动的原因。如果你真想帮助自己的孩子，让他们一个学期只选一项课外活动吧。

都市人强迫孩子在外面出人头地，这就是祸害的根源。乡下人的态度健康得多，他们强调回归家庭。孩子的价值感和归属感来自于对养育自己、照顾自己的家庭有所贡献。她所作出的贡献可以像挤牛奶、喂鸡、收集母鸡下的蛋这么简单的事，这样的孩子有归属感、有目标。

住在都市能做什么？倒垃圾？很好。那么，一天剩下的23小时55分，孩子要做什么？

大约在20世纪60年代，某些住在都市的父母找到了"答案"：孩子必须在家的外面证明他们的价值。我们得找出他们最"行"的东西。如果他们篮球、棒球、体操、田径、足球、围棋不行，

我们让他们尝试女童子军、戏剧、钢琴、美术、拼字比赛……无奇不有。而不管我们愿不愿意，所有这些疯狂的活动都在对我们的孩子说：向人证明你很行吧。

我很高兴这么说："凯文，我已证明我对你的爱。"而不说："凯文，向我证明你很行。"

如果你想让女儿适应良好，就不要徒然想帮助她证明自己的能力，而把她搞得精疲力竭。向她证明你的关爱、你的承诺、你的慈爱。教出健康的孩子，就靠这些。

第九章 爱要因人而异

"她和荷莉长得不像。"

老大出世，改变妻子和我的生活18个月后，老二克丽西翩然来到人间。我不知道当时的期待究竟是什么，我猜或多或少这么想吧：同一个父亲，同一个母亲，所以，一模一样的孩子，对吧？起码也要长得很像。

结果是一点也不像。

荷莉脸型狭长，克丽西则有一张标致的瓜子脸。至于个性呢，荷莉是典型的老大：小时候的她霸道、顽强、决意指挥妹妹的生活（有好几年的时间，她将这点做得很成功）。她总是想欺骗克丽西。"嘿，克丽西，看这个五分镍币是不是比你的一角硬币大很多？要不要跟我换啊？"

基于反作用，克丽西非常和善、爱玩、悠哉。才18个月大，就可以看到她戴着救生圈在游泳池内戏水，小小的脑袋瓜用力前后摆动，心满意足地破浪前进，在这世上无忧无虑。荷莉则会和大人混在一起，或是筹备表演活动。

当然，这两个孩子无可避免会比来比去。有时候两人间的竞赛并不全然公平。荷莉定期举行歌唱比赛，并坚持珊蒂和我得当裁判。问题是克丽西的歌声有如黄莺出谷，荷莉的歌声却像……她母亲。真是一点也不像。

我从来就没有搞懂荷莉既然根本不是妹妹的对手，为什么一直坚持要举行这些比赛，老是将冠军颁给克丽西，珊蒂和我感到厌烦。基于同情，有一回我最后宣布："我想荷莉赢了，是不是啊，亲爱的？"

克丽西顿时满脸疑惑，皱成一团的脸看来滑稽得很，好像在说："什么？我有没有听错？"

幸亏恰克·史文杜尔（Chuck Swindoll）给了我一个绝佳的建议。许多父母误解了圣经箴言二十二章第六节的意思："教养孩童，使他走当行的道，就是到老他也不偏离。"他们以为这段话的意思是教出虔诚的孩子，有一套固定的模式，而我们为人父母的职责，就是将这套模式套用在每个孩子身上。

恰克纠正我的错误。"要知道，李曼"，他说："这其实是在指每个孩子'独特的性向'，而不是指照你认为他应该发展的方向来教育他。"

身为《排行新说》（*The New Birth Order Book*）这本书的作者，对他的话我要大呼"阿门！"（诚心所愿）育有两个以上的女儿的男人最应该学习的一句口号就是："爱要因人而异。"当女儿的学生，找出她"独特的性向"，再因材施教。

有太多的父母落入"机会均等"的圈套。这种养儿育女的方式会造成伤害，不可能达到目的。让我在这里举个例吧。假设你的两个孩子正在为一块蛋糕争吵。强调"机会均等"的父母想法天真，以为只要拿一把刀来就可以轻易地解决这个令人左右为难的困境。他将蛋糕切成两片，笑逐颜开地说："现在你们再也不必吵了。"

可是孩子比他还精。

"他那一片比我的大"，一个孩子说。

"才没有呢。"

"明明就有。"

"机会均等"的父母仍然沉溺在自己天真的想法中，再提出一个绝妙的点子。他找来一把尺子，测量切成两半的蛋糕。

"仔细看"，他指出："两片的大小一模一样。"

"他那片糖霜比较多"，一个孩子撅着嘴。

这里有一招迂回战术。下次，你的两个孩子要是为了一块蛋糕吵了起来，将一把刀子交给其中一个孩子，告诉他："你来切。"

另一个孩子可能会叫说："那不公平！为什么让他切？"不过还是照计划进行。

切完以后，再向另一个孩子说："好了，现在由你先选。"

下次，两个孩子要是再面临类似的场面，我向你保证负责切蛋糕的孩子会尽全力将两片蛋糕切得一样大。

"机会均等"的父母只会造成反效果，使自然而然的竞争更加恶化。事情的真相是：孩子希望自己与众不同，而不是个普通人。每个女儿都会为了得到父亲的欢心而争宠。她们知道无法占有相同的位子，所以聪明的父亲会帮助每个女儿找到专属于她个人的位子，与父亲建立独特的关系。

第九章　爱要因人而异

爱女儿

爱爸爸

这就是为什么让父女填写第三章讨论的人生地图会这么重要。我的男性侦测器要是准确，我敢说一些男人会跳过这个练习。"我为什么要做这个？"爸爸可能会这么自言自语。

人生地图帮助父亲学会怎样善用家庭能量，使家庭变得更好而不是更坏。如果老大是个得过无数奖章的最高级童子军，父亲可以设想一些办法，使老二觉得自己不必为了引起一些注意而故意犯规，还是可以得到他人的青睐。

人生地图还可以帮助父亲检讨自己的感觉。要明白一点：父亲往往会过于认同和自己排行一样的孩子（老大认同老大、排行中间的认同排行中间的、老幺认同老幺），同时也可能比较常和个性最像自己的那个孩子起冲突。

父亲如果是老大，一定会在不知不觉中特别注意自己的老大，这就和地球一定会绕着太阳转一样地自然。他如果是老幺，就会特别疼爱自己的老幺，这种事一定会发生，所以请留意。

当我回顾自己过去当父亲的经历，才明白自己可能过于保护克丽西，以免她受到荷莉的伤害。由于我自己是老幺，因此对于哥哥、姐姐怎样操控、支配弟弟妹妹很敏感。我会变成克丽西的保护者，不无道理。不过，一旦发现这一点，我就能够改善自己和荷莉的关系，而这两个女儿还以为她们都是我的最爱呢！

让我们看看父亲爱每个子女的方式要怎样因人而异，同时对每个排行的孩子，需要当心什么。

132

麻烦的倾向

我一位友人听荷莉谈到她和克丽西有名的歌唱比赛，他问荷莉输给妹妹有什么感觉。荷莉的回答令我着迷，也让我更加确信我们对待每个孩子的方式要因人而异。

"爸爸给我的信息很清楚"，荷莉说："歌唱是妹妹的天赋，不是我的天赋。我的天赋在别的地方，所以，我必须找出到底是在什么地方。"荷莉并不因为几乎没赢过歌唱比赛而感到丢脸，她觉得受到肯定，往自己真正的长处发展。

在接下来的段落，我们将看看父亲对各个排行的女孩能有怎样的期待，又能如何运用从中学到的东西，以不同的方式来爱她们。是的，我从来没见过你的女儿，不过根据她们的排行，我能综合得出一个相当正确的概论。身为父亲，你应当活用以下的信息，找出每个孩子独特的性向，再因材施教。

承载一个男人全部的梦想

我的老大荷莉过去一直不能好好控制自己。你要是干涉她的计划，就有你瞧的了。她更小的时候，珊蒂和我曾为了早上谁要去叫醒她起过争执。

"亲爱的，最好去叫荷莉起床"，我会说："上托儿所的时间快到了。"

"我才不要叫她起床"，珊蒂坚持："你去叫她起床，我昨天叫过了。"

你或许已经猜到了，荷莉一起床就会拳打脚踢。她是个顽固的小鬼，俨然是个 4 岁的荣迪法官。没有人挡得了她。

才 4 岁大，荷莉就决定从托儿所退学。这个学校做了一些令人头昏脑胀的改变，荷莉受够了。我老是说："你如果想把事情搞砸，就雇用一位博士吧。"他们正是这么做，把荷莉的托儿所从一种温馨而懵懵懂懂的学习经验，变成一个实验教学中心。荷莉和我对这个改变的评价都不太好。因此，一天下午她回到家说："我再也不要上托儿所了。"我已有心理准备。"好的，荷莉，如果你再也不要上托儿所，就要打电话告诉他们。"

"可是我没有他们的电话号码。"

别忘了，我谈的是一位 4 岁的小女生。我决定逼她摊牌。"我去拿他们的号码"，我说。

结果荷莉占了上风。她拨了号码。我不知道接电话的是谁，总之她告诉对方："我是休理·李曼（她不会发荷莉的音），我再也不要上托儿所。"

她再也没有回到托儿所。

老大出生以后，许多父亲会告诉自己："凡是我做不到的，这个孩子通通都做得到，凡是我当不了的，这个孩子通通都能当。"可别以为孩子不知道你在打什么算盘。

这么想有好的一面，父亲希望孩子好，乃是天经地义的事。不过，父亲如果不能意识到这反映了自己未完成的梦想，尤其以为老大也会有和你一样的梦想，就有可能误了孩子，不照着上天赐给孩子的天赋来教养他。

学校往往是老大人生的第一个试验场。父亲对她的期待高得不得了，刚上幼儿园的小女生穿戴得比全副武装的士兵还多。她承载着父亲全部的梦想。

刚当爸爸的人要明白一年级的小朋友需要的不只是分数，还需要一位接纳她、爱她、肯定她的父亲。等到老幺上学的时候，爸爸的期待就不会那么高了。几乎每个第一次当爸爸的，到了这时候可以松一口气了。学校只是其中一个试验场，而不是唯一的试验场。别忘了比尔·盖茨大学才念到一半呢。

老大还因为让父母明白一个事实而挨骂，那就是5岁大的孩子不能将自己的身体控制得像35岁的大人那样好。老大在公共场所打个嗝，父母的反应好像这个孩子在牧师面前说了一些亵渎的话似的。

"你怎么可以这样？真让我丢脸！现在就给我说'对不起'。下次你要是又在公共场所做这种事，别让我逮到了。"

吐口小小的气，这可怜的孩子在4秒钟内就挨了4顿骂。

当然，你会希望自己的孩子规规矩矩，又有礼貌，大家都这么希望。但是，让5岁、10岁，甚至15岁的老大负起维护你家声誉的责任，这个要求未免太过分。何不说得简单一点："亲爱的，打嗝的时候请把嘴巴遮起来。谢谢。"

因此，对老大的第一条规则就是：减轻她的负担。老大已经为了自己得负责管理而背负一个沉重的负担。已经注定会认真、谨慎，并好好计划。不好的一面可能在于他们会求好心切、情绪化、顽固、多疑、紧张、爱找碴。如果你事先明白这一点，就能及时纠正，使老大更为宽大、更有耐心、更加合作。

第九章　爱要因人而异

爱女儿
爱爸爸

压在中间

5个孩子中排行老四的涵娜很崇拜哥哥小凯文。在她看来，太阳光是从哥哥身上发出来的。也因此，有一回当我听到她以坚定的口气告诉哥哥说，她和我计划去看一部电影，但哥哥不可以去，我会吓一大跳。小凯文想要是跟去应当很好玩，可是涵娜坚持不让步：只有爸爸和她可以去，哥哥不准去。

排行中间的孩子非常渴望与父母在一起，就和婴儿渴望牛奶一样急迫。他们占的位置很暧昧，被公主和小坏蛋挤在中间。因此，他们总认为遭到不公平的待遇（通常真的是这样）。

他们翻遍了家里的相册，结果发现什么？老大从出生到两岁大就独占了三本按时间顺序编排的相册。相册还是烫金的，上头贴满了柯达相机捕捉到的瞬间。她问起自己的相册，父母给她7张微皱的相片，其中5张有老大在上头，正把手臂放在她的肩膀上呢。

"我的照片为什么没有那么多？"她会问。

"我们累了，这样可以吗？"父母说。

排行中间的孩子因为父母给他们的时间和注意往往比较少，所以对二者的需要也更强烈。老大已经稳稳地坐上首位，而老么的要求往往最为急迫，因此，排行中间的孩子的需要就比较不受注意。

父亲必须特别注意要尽量拨时间给排行中间的孩子。如果你不主动拨时间给他们，为了引起你的注意，他们会经常惹是生非。

此外，你必须了解排行中间的孩子有一个倾向，那就是喜欢和老大一争高下。如果老大体育很行，排行中间的孩子有可能成为学者，反之亦然。公开肯定排行中间的孩子，但不要拿他或她和老大这个美国小姐比较。

举例而言，排行中间的蜜莉在做倒立这么简单的事，也可能产生各式各样的冲突。蜜莉两腿悬在半空中，她大叫："妈，爸，快来看看我啊！我正在做倒立。"

爸不用大脑就跟妈说："记得老大费莉佳什么时候做倒立的吗？"

这个爸爸刚说的话，就是在告诉蜜莉她方才第一次做的动作，姐姐两年前就做过了。

我永远也赶不上，她自言自语。

别干这种事。假使你有 5 个孩子，而你已经目睹过 3 个孩子学骑脚踏车，那么，老四在学骑脚踏车的时候，就算你已不再那么兴奋，但她的兴奋程度绝不亚于前三个孩子，这是她的第一次，她仍然需要看出父亲眼中流露出接纳和肯定。

养育排行中间的女儿最大的一个挑战，就是克服她的排行天生的劣势，不要因为她被挤在中间而忽略她。对于自己的感觉，她比较不那么坦白，而且很会依赖同学。你得好好肯定她，想引她开口畅谈，并不容易。你必须紧跟着她，让她相信你爱她。

小公主

我们全家去旅行时，萝仁通常会和我们夫妇俩一起坐在头等舱。我们没有能力让全家都坐头等舱，哥哥姐姐们只好坐客舱。因为萝仁还很小，我们要她跟在身边。

137

有一次，登机前，萝仁抬起头来看着老大问到："荷莉，为什么每次我上了飞机以后，就再也看不到你？"

大姐姐简直要气爆了。"因为我躲在后面 24D 的座位上。你坐在有氧气的前头，你前排的家伙将椅子往后靠的时候，不会太过分，不会差点靠在你的大腿上！"

老幺生来就更需要被保护，成长过程中享有较多的特权。此外，有谁能像老幺那样赢得父亲的欢心呢？尤其老幺是女儿的话。

就先说这点吧：幺女几乎都有昵称。排行在她前面的孩子，人家比较可能叫他们的名字；老幺却是"太可爱"了，所以会被取一个可爱的绰号。

别以为她没有注意到，也别以为这通得过哥哥姐姐那一关。

这会造成一种局面，使老幺成为最善于操纵别人的孩子，只要眨眨眼睛，或是一只宝贝的眼睛掉下一颗泪珠，沾湿光洁无瑕的脸颊，就足以让爸爸心软。我看过在商业界以逼对手屈从而强硬无比的谈判高手，但他们 3 岁大的幺女轻蔑的目光便足以让他们融化。

"那么，危险在哪里呢？"你或许会问。危险就在这里：你如果让小坏蛋得逞，她就会嫁给和你一样的人，一个受她操控和支配的人。

虽然老幺通常具有雅量、随和、关心别人、有同情心等优点，但也可能因为冲动、不负责任、杂乱无章、自我中心而把你惹火。

既然你已弄清楚每个排行的孩子的倾向，现在，花一点时间想想你自己家的情形吧。怎样让排行中间的孩子感到被接纳？怎样帮助老幺学会不那么自私？怎样让老大减轻负担？不妨主动订一个计划，用不同的方式来爱每个孩子。或许你可以和老二来个特别的约会。或许你得向老大道歉。或许你得对老三严厉一点。

不论你的决定是什么，记得：对孩子的爱要因人而异，这一点很重要。这意味着找出独特的方式，让每个孩子都觉得自己与众不同。

让孩子觉得与众不同

"爸，圣诞节我要一个键盘乐器"，某年的晚秋，克丽西宣布。接下来的几个礼拜，她不让我或珊蒂片刻忘了这码子事。每天我们会收到她最新的公告两三次，表明她对这礼物的渴望越来越强烈。为了表示惊叹，她在早餐或晚餐时间装出一副在弹奏键盘乐器的样子。只要办得到，她随时随地把它挂在嘴边。她让家人深知只要有了键盘乐器，她将是全世界最快乐的女孩。

圣诞节早上，克丽西的美梦成真。不过，我们却在无意间开启了另一个孩子的梦魇。

我已经完全忘了荷莉是第一个向我们要键盘乐器的孩子。但是，一如她平日的作风，她只提到一次，就再也不把这事放在心上。克丽西一占上风就再也不肯屈就。这成为一场竞争，而我们根本没有察觉。

等到礼物通通打开后，荷莉气得要命。圣诞节之后的这个礼拜静悄悄的，安静的程度可说是空前绝后。荷莉气得把冬天的寒气都带到屋子里面来。大家都噤若寒蝉，免得说出的话让荷莉联想到圣诞节那天她被忽略那一幕。将键盘乐器送给克丽西，却没

爱女儿 爱爸爸

有送给荷莉，就好像在斗牛面前挥舞着红旗一般。

大多数的家庭都有类似的故事。好多父母在 12 月疲于奔命，然后在圣诞夜诚惶诚恐地数算圣诞礼物，这才明白一个孩子得到的显然比另一个孩子多。

解决这个问题的其中一个方法，就是减少每个人的礼物。另一个办法就是不要认为你对所有的孩子都应该一视同仁。某个孩子可能在某些年的圣诞节需要较大的礼物，好比一辆脚踏车或是玩具屋，这使父母无法花同样的钱在其他孩子身上。

没有关系，孩子偶尔被选上独得大礼其实是好的。其他时候他们可能觉得被忽略，但只要偶尔觉得受到尊重，就会觉得自己占了上风。

我已经在前面提到旅行回家时不会给孩子送大礼，因为我想将重点放在恢复我们的关系，而不在爸爸手提箱内那些没什么价值的小东西。不过，偶尔我会破例，尤其是当我看到某个东西对其中一个孩子再合适不过的时候。

过去这几年来，我最喜欢停留的地方就是 700 俱乐部，我去过至少 20 次。早年，芳德旅馆还没盖以前，客人住在另一间旅馆内，旅馆旁边有一家精致小巧的购物中心。购物中心内有一家店在卖一盏可爱的小灯，因为很小，方便搭机带回去。我一看到这盏灯，就知道是送给克丽西最好的礼物。她需要一盏灯已经有一段时日了，而这盏灯正是她喜欢的那一型。我买了。

当我走进家门，老大荷莉和我打招呼。"盒子里装的是什么？"她问。

"哦，那是送给克丽西的。"

"那是什么意思？"

"意思就是那是送给克丽西的。你还能想出其他的解释吗？"

荷莉对我穷追猛打，活像只斗牛。"你买了一个礼物回家？是送给克丽西的？"

"呦，你要我把这东西卖给她好赚点钱不成？"

"好，那你买什么给我？"她语带挑衅。

"什么也没有。"

"那不公平"，荷莉抗议，眼泪扑簌簌地掉下来。

我搂着荷莉，等她泪水平息下来，问她："荷莉，你真要我用对待妹妹方式对待你吗？"

"嗯"，浓重的鼻音。

"好，那么现在你上床时间从 9 点改到 8 点半。"

鼻音立刻不见了。

"还有，你的零用钱从三块减到两块。"

"什么？"

"你说过要我用同样的方式对待你。"

"我不是指那个。"

重点已经点到了。"我的确是用不同的方式来对待你"，我说："因为你和妹妹不同。身为老大，你的零用钱比较多，享有较大的自由，负多一点责任。你们所有孩子都应该知道我偶尔会找到对你们其中一人再合适不过的东西。但这不表示我非得为其他人找一些没有意义的礼物不可，只为了公平起见，更何况公平的定义是那么含糊。"

再从孩子的观点来看，想用一模一样的方式对待他们根本不

第九章 爱要因人而异

爱女儿

爱爸爸

可能。就算圣诞礼物花的钱完全一样，还是有孩子会觉得被忽略，因为孩子对礼物的感觉并不会完全一样。

其实每个孩子都希望他的日子艳阳高照、无忧无虑。所以，偶尔偏爱一下所有的孩子吧。萝仁知道因为自己是老幺，所以在爸爸心目中占有非常特别的地位。荷莉知道因为自己是老大，所以爸爸对她情有独钟。我曾一度怀疑自己不能像疼爱她那样疼爱别的孩子，直到克丽西和其他孩子出世，我这才明白爱并不会受到人数的限制。

我的每个孩子在我的生活中都占有一席之地。有好几年的时间，我在每个礼拜六早上和荷莉一起看报纸。老实说，克丽西对世上发生的事没兴趣，而小凯文总是在做别的事，所以荷莉和我养成一起看报纸并讨论新闻的习惯。我们的惯例是：一拿到报纸，我立刻将生活版和《艾比夫人信箱》交给她，而她知道我要先看体育版。

因为这个缘故，我和荷莉讨论世界和国家大事的时间，比别的孩子多，但这无妨，这是我们独特的关系的一部分。

即使是微不足道的决定，我也试着应用这个道理。每到礼拜五，我总会到西点面包店买一些好吃的请孩子。我想最简单的方式就是告诉店员："给我半打槭糖棒。"但这对我的孩子几乎毫无意义。我会改用另一个方法：为每个孩子选购他们的最爱。

荷莉和小凯文每次都要巧克力泡芙。涵娜喜欢有点变化：有时候我会帮她买泡芙，有时候帮她买甜甜圈。萝仁要上头洒有糖屑的甜甜圈，她喜欢舔糖屑和糖霜，舔完就把剩下的丢掉。因为她从来没有吃过面粉的部分，所以不知道怎么吃泡芙。克丽西喜欢精致可爱的法式小蛋糕。

每个礼拜五，我借着这个简单的举止向孩子强调以下的信息："你们一共有 5 个人，但我对每个人都了如指掌。我绝不会忽略你的特别需要，绝不会忘记你是一个独立的个体。你对我很重要。"

我要我所有的孩子都觉得自己与众不同。那是父亲能送给女儿的一份好礼。让女儿觉得自己与众不同的一个方法，就是让她知道你对她了如指掌，同时让她知道你根据对她的了解来教育她。有一回，我必须根据对孩子的了解，作出当父亲以来最困难的决定。

两个礼拜

克丽西只申请了一所大学，位于芝加哥的北帕克大学（North Park University），这让她老爸相当错愕。排行中间的孩子会将所有的鸡蛋摆在一个篮子里，这倒不会令我太惊讶。但即使明白这一点，我还是觉得不太舒服。

有几个原因使克丽西对北帕克大学有兴趣，包括她在那里有很多朋友，几十年前，学校当局明智地将她的老爸踢出去（但过了几年以后，他们居然颁给我杰出校友奖）。

我对校园相当熟悉，不过既然知道自己的女儿以后会住在这里，看起来就有点不一样了。搬进去那天行程排得满满的。你带孩子上大学时会做的事，我们通通都做了：和教授见面、把行李拖进寝室、认识室友等等。

当天晚上举行迎新晚宴。学生和家长排成长龙，等着亲自和校长会面。

珊蒂、克丽西和我三人一步步慢慢地向前移。等我们移到前头，大约再有 7 个人就轮到和校长握手的时候，克丽西对我说："我有话要告诉你。"

"这是什么意思，你有话要告诉我？校长就在前面。我们已经排了这么久的队……"

"我现在就有话要告诉你。"

"好吧，过来这里。"

我们走出队伍，让珊蒂留守在我们的位置上。我原本希望谈话能尽快结束。但一看到克丽西热泪盈眶，我仅有的一丝希望就破灭了。

"我不要念这个学校。"

"什么？"

别忘了，克丽西只申请这么一所学校，这时候已经是 8 月底了。她别无其他选择。就算如此，她还是坚持："我不要念这个学校。"

"克丽西，"我说："回去排队吧。"

"爸，我会怕。我在这里没有安全感。求求你，别让我待在这里。我要和你和妈一起回家。"

那一天稍早，一个令人毛骨悚然的粗汉开着卡车，以约 60 公里的时速从一条小巷飞驰而过，把克丽西吓得半死。她当时正在那条巷子里，差一点就被撞到。

我在这里没有安全感。还有什么比这句话更能引起父亲的注意呢？但我知道这不是仓促做决定的时候。

"听好"，我说："就快轮到我们和校长握手了。看到你妈没有？她快排到第一个。接着我们就要坐下来，全家一起好好享用这顿鸡肉大餐。饭后再继续谈吧。"

克丽西垂头丧气、一声不响地回到队伍里。不消说，这是一顿漫长的晚餐。克丽西什么都没吃，甚至根本不想和坐在对面的孩子聊天。

好不容易把这顿饭吃完，我和珊蒂去跟其他家长寒暄，我们心想克丽西这时候大概正在寝室忙着把东西从行李箱里拿出来。等我们回到她的寝室，才知道我们的老二什么也没有拿出来。连袜子也没有拿出来。

这比我原先预料的还棘手。幸好这时有一个男孩来到我们身边。克丽西以前在夏令营认识的一位高年级学生刚好路过，顺道来探望她。他坐下来和克丽西聊天，说自己刚上大学的时候是多么紧张、多么害怕。

可惜他离开以后，克丽西还是决意要回家。"我在这里没有安全感"，她不断重复。就在这个节骨眼上，我必须做一件当父亲以来最难做的事：不管怎样都要让她留下来。

"亲爱的"，我告诉她："我知道你不快乐，对我们不满，想回家，但是我不会带你离开这里。这是一个新环境，而你一向就不喜欢新环境。我对你有信心，而且据我的判断，这所大学不会有什么问题。不过我可以向你担保：两个礼拜后你的感觉如果不变，我会亲自飞来这里带你回家。"

克丽西这时得离开去参加最后一个简短的会议。我趁她不在的时候，迅速写了一封短信，留待她在我走了以后看。我在信中告诉她，我深深地以她为荣，也坚信她一定会没事。她后来告诉

爱女儿

爱爸爸

我，读那封信时，"哭得两眼红肿。"她既需要我态度强硬，也需要我态度柔和，这封信两者都兼顾到了。

把女儿送到学校以后，珊蒂和我在回家的旅途中再度默默无语。

接下来的 14 天，我们接到克丽西几通电话和几封信。两个礼拜后，我打电话给她说："好啦，克丽西，两个礼拜已经到了。"

"什么两个礼拜？"

"克丽西，"我说，不敢相信自己的耳朵："那两个礼拜。你要我搭机接你回家吗？"

"爸，实际一点吧。"克丽西回答，语气听来就是个不折不扣的少女。

接着告诉我学校有多么棒。她的班上刚去过芝加哥位于市中心的商业区，她认识了一些新朋友，喜欢她上的课。

这一次，我们的心理学家和他那位迷人的新娘可真是赌对了，我们掷骰子掷出 7 点。我们早已摸清克丽西的性格和性向，再据此做出这样的决定。我们不用对待荷莉的方式来对待她，也不用对待小凯文的方式来对待她。我把克丽西当克丽西，用对待她的方式来对待她。

因人而异的爱的效力

因为我了解克丽西，所以知道将她遗弃在北帕克大学并不公平，就算她真的已经安顿下来，还是不公平。我确定她迟早一定又会开始想家，因此养成一个惯例：搭机时经常安排中途在芝加哥停留。航空公司准许旅客将转机的机场当成另一个目的地，停留 4 个小时以内不用加价。

第一次这么做的时候，我要让我的造访显得非同寻常，因此，没有事先通知克丽西就来到学校。我到行政大楼问清楚克丽西人会在哪里，同时给自己保留足够的时间，能先克丽西一步抵达那里。我已经问明白她到时候会在大礼堂上细胞生物学。

10 分钟后，当她向教室走来时，看到她的老爸正在教室前面晃来晃去，惊愕地张口结舌，父爱使她容光焕发。我很高兴自己不辞劳苦到这里来。

"你怎么知道我会在这里？"她大叫。

"我到教务处去问的。"

"太酷了"，她不可置信地说。

她觉得自己与众不同。那两个半小时，她知道自己在父亲心目中占有重要的地位。我们一起用餐、聊天、了解彼此的近况，享受了一段美好的时光。

克丽西大学四年我一直维持这个惯例。克丽西大二那年，珊蒂和我到墨西哥度假。从克丽西的来信，我们知道她正经历另一个低潮，所以我说服航空公司给我们开一张特别的回程机票，让我们可以从墨西哥市到亚利桑那州途中绕到芝加哥！你必须累积足够的里程数才能得到这样的优待，而一旦说定了，我们都迫不及待地给克丽西一个惊喜。

我们知道年轻女孩子不喜欢别人让她难为情，尤其不喜欢自己的父母让她难为情。头戴墨西哥草帽、身披墨西哥毯子的珊蒂和我来到克丽西的宿舍。我们很有弹性，既能适应犹太会堂的火腿大餐，也能适应芝加哥学院派雅痞的场合。我们存心让克丽西

爱女儿

爱爸爸

大吃一惊，所以只传达了以下的消息："请告诉克丽西·李曼，楼下有一个包裹在等她。"

克丽西下楼来取包裹的时候，看到她的两个朋友！

我们认真研究过每个女儿的特色，再因材施教。虽然我们的老大和老二老爱争来争去，不过因为我们摒弃"机会均等"这个失败的方法，努力让每个女儿觉得自己很特别，最后还是获益良多。

正如其他许多教育子女的方式，"因人而异的爱"的效力，只有长远的眼光才看得出来。克丽西结婚那天，给了珊蒂和我不少肯定。在写给姐姐的信中，克丽西告诉荷莉（她的伴娘）抢在其他兄弟姐妹前面第一个结婚让她有点紧张。"以前总是你当第一个，"她提醒姐姐："而我从来就不喜欢当第一个。可能就是因为这个原因，上天才会赐给我一个像你这么特别的姐姐。晓得四个弟弟妹妹都在仰望着你，当第一可真不容易。"

克丽西在那封信中承认荷莉身为老大角色特殊，但行文间毫无任何敌意，反倒表达出爱意与肯定。

"我要你知道在我心目中你有多么特别，我是多么珍惜所有的回忆"，克丽西继续写到："我衷心爱你。谢谢你在我嫁给丹这一天站在我身边。你的在场对我意义非凡。

"谢谢你当个如此特别的姐姐。我祈求即使日后两地相隔，我们还是永远心连心。我爱你！克丽西。"

手中拿着这封信是当父亲以来难得的一刻，我明白了一件事，感到非常欣慰。水泥已经干了，结局令人又惊又喜：兄弟姐妹直到长大成人，一直相亲相爱。

"克丽西不会有问题的"，我告诉自己："她会顺利过关的。"

让每个女儿觉得自己与众不同，了解她们每个人的怪癖、恐惧、梦想、希望，然后再据此来教育她们，还有什么比这更有意义的呢？我们可以再次从"义勇三奇侠"这部伟大的电影中学到一课。恶名昭彰的强盗厄尔瓜伯告诉他的手下："我了解你们每个人，就和熟悉我自己的气味一样。"

父母对子女的了解，应该不亚于厄尔瓜伯对手下的了解。难就难在：你是否能让每个孩子觉得拥有自己的特色、与众不同？我们应该了解每个孩子的气味和感觉、恐惧和泪水、梦想和呐喊。这么一来，我们才能为每个女儿做出正确的决定。如果我们肯花时间将她们了解得一清二楚，那么，对她们的爱，自然而然会因人而异。

第十章　我们不必争第一

　　我的前一位下属现在住在堪萨斯州。她上了年纪，已经退休，而且被我烦了这么多年，也该好好休息了。但即使是这样，我还是会忍不住，喜欢逗逗她。

　　一天傍晚，我打电话给她。她接了电话以后，我宣称："这是一个情色电话！"

　　"哦，"这位温柔的女士客气地对电话线另一头的人说："我没有兴趣。"

　　等她发现是我，马上高高兴兴地和我聊起来。

　　现在，试着回想一下我们经常是用怎样的方式来教育我们的孩子吧。"没错，贾森，你得洗个澡。别人不喜欢耳朵后面脏脏的男生。"

　　"小姑娘，你当然得穿皮鞋，就算穿起来不舒服，还是得穿。你是去别人家做客，你想他们会喜欢你穿球鞋吗？"

　　"不，你不能嚼口香糖！我们是要去参加活动。记住，也不能讲话，当然也不可以偷笑。在公共场所要注意礼仪。"

有哪个 5 岁的孩子会喜欢到定有这些规矩的人家家里玩，你找出来给我看看吧。然而，我们要是不在家里讨论这些事，孩子的认识将仅限于此：其他人不喜欢我做任何好玩的事；他们要我穿不舒服的衣服；我有兴趣的事，他们通通没有兴趣。

这真令我伤心，因为我相信让孩子了解别人也像父母一样爱他们，是你能送给儿女一份意义非凡的礼物。我谈的是一种实质的关系，孩子通过这层关系知道别人都爱他、眷顾他。孩子如果有这样的认识，人家就会来找他，好比我的儿子。

小凯文在佛罗里达一所艺专就读。某日行经校园时，一个女孩上前来请他止步。

"我可以问你一个问题吗？"她问。

"当然可以"，小凯文说。

"为什么你总是这么快乐？"

"你真想知道？"

"是啊，所以我才会问啊。"

"这个嘛，因为我来自一个很棒的家庭，我很爱他们。"

如果你能给孩子这两样东西，一个"很棒的家庭"以及"爱"，那么他们所做的其他一切也会上轨道。他们将做出正确的选择；将会结交益友；将会成为你计划中的那种人。其他人会问他们："我怎样才能得到你所拥有的东西呢？"

可是请别把爱变成令人厌倦的义务。当人们提到献身（devotion）这两个字，我就会提高警觉。倒不是我认为献身有什么不对，只是我认为我们对这两个字的用法往往错了。

我不把献身看成是在一定的时间内做的事，反而喜欢问父母：

151

爱女儿
爱爸爸

"你是否每天把自己献身给你的家庭？你的孩子看到你献身给家庭了吗？当杂货店的店员弄错了，找给你太多钱，你的女儿是否看到你把钱退还给店员呢？你的女儿是否看到你每天的生活都做到献身了呢？"

让孩子拥有信仰最好的方法，就是当个关心儿女、热爱家庭的父亲。男士们，不管你们喜不喜欢，你们的女儿在小时候都会直接把你们和上天联想在一起。我听过幼儿搞到最后竟然向爸爸祷告的故事。因此，积极投入、关心子女相当重要，尤其是在他们小时候。当女儿看到你投入到她平时的活动，将会明白大家都一样关心她全面的生活。

换句话说，别妄想教她照着死背下来的语句来表达爱，而要向她证明你关心她。然后她自然而然就会去爱所有人。

鲍伯·卡里瑟（Bob Carlisle）在《蝴蝶之吻》（*Butterfly Kisses*）这本书中和我们分享一段感人的赞美词。这是由一位名叫凯莉·葛拉汉的女孩献给他的父亲杰克·葛拉汉的：

亲爱的爸爸：

我对你的爱、感激、景仰，真是笔墨难以形容。过去这些年来，你教导我许多重要的功课。小时候你向我示范如何骑脚踏车，教我要有耐心。我们搬家以后，有一段时间，我很难适应，你教我如何在逆境中坚持到底。当我数学成绩很烂时，你鼓励我要尽力。当我因患单核白血球增多症而不得不从大学返家时，你对我寄予同情。从你和妈妈的关系，我学到忠实以及如何建立美满的婚姻。

152

这些功课全都很重要，不过最重要的，大概就是教我对待事情要分选后。你总是教我将别人摆在第一位，父母第二位，最后才轮到自己。你以身作则来教导我。我深爱你，你给了我这么多，我永远也报答不完。能有你这样的爸爸，真是我的荣幸。[1]

权柄

媒体大亨泰德·泰纳（Ted Turner）一反常态。他是老大，可是后来的表现像排行中间的孩子。他不按牌理出牌，完全改变了电视的经营方式，这是怎么一回事？

麻省理工学院的研究员法兰克·苏洛威（Frank Sulloway）向《富比士》杂志解释："'泰德·泰纳'最足以代表与父母冲突不断的老大。老大如果不能认同自己的父母，他们的行为就会像排行中间的孩子，这尤其表现在对老式权威的反抗。"

苏洛威特别提到泰纳受到父亲严厉的管教和惩戒，并经常被父亲虐待。年纪轻轻就被送到军校，饱尝父亲的否定和疏离，直到父亲自杀身亡。他从那时起就对企业界的权威人士嗤之以鼻（顺道一提，还相当成功呢）。

男人如此，女人也是如此，父亲有没有能力好好处理自己的权柄，将深深影响他的孩子是不是善于应付权威人士。

让女儿亲近你最好的方法，就是妥善处理你身为父亲的权柄。这是一个令人肃然起敬且无法逃避的责任：父亲必须向女儿作出示范性的形象。如果你的子女不能接受家里那位父亲的权柄，要他们接受其他人绝对的权柄，可能性很小。

这是成长过程中没有父亲最危险的地方。生长在这种家庭的年轻女性，心灵充满痛楚。当你看到一位妇女在信仰中奋力挣扎，尤其是当你和她交谈时，发现她把上天看成一位在空中拿着弹弓，随时准备把她击倒的巨汉，这位妇女很可能在成长过程中没有父亲或缺少父亲般的长者。

我记得我们盖第二个房子的情形。完工前，我走到楼下检查每个细节，结果发现楼梯的一块木板有裂痕。我要承包商注意，他向我保证会好好留意。

但他却没有。直到今天，每当我爬那楼梯，就会感到其中一个梯级有点怪怪的。外表看来完美无缺，可是底层的小裂缝却造成这个梯级不稳。

缺席的父亲比小裂缝更严重。缺席的父亲造成的缺口，对子女有如心灵的黑洞，会吸干你倒进去的一切。心性的培养要从头做起、向下扎根，而基础就是父亲要守在子女身边，并能好好处理权柄，善加运用。

如果你关心自己在这方面是否胜任，我建议你回到前面重读第五章"好爸爸"。如果你和女儿建立了第五章所描述的那种关系，那么，对你的女儿来说，她的信仰方面将不成问题。

老爸们，你们在这里不能走快捷方式。你们对儿女在信仰方面的教导对他们产生一辈子的影响——不管影响是好是坏。借着这方面的教导你可以传授人生真正的意义。

人生的意义

萝仁第一次上电台节目的时候，还只是个小娃娃。珊蒂带着我们最小的孩子来到录音室参加"父母开讲"这个节目，和听众分享我们夫妻俩在刚怀萝仁之初是多么挣扎，后来对这份"上天所赐的小礼物"又是多么兴高采烈、感激不尽。

我将这个节目的录音带送给我的其他孩子，克丽西写了一封信给珊蒂作为响应。克丽西在信中提到的一点，我认为十分耐人寻味。

"在今天的节目里，你谈到生下荷莉之前，流过两次产。听到这里，我脑筋突然闪过一个念头。我一直以为流掉的孩子以及被拿掉的孩子会直接上天堂。如果这个想法是对的，那么爷爷和外婆就会看到我们没有看过的孩子。一想到这里，我就好高兴。

希望外婆能告诉爷爷涵娜的所有事情，还有你怀了萝仁的事情。希望有这个可能。"（克丽西的爷爷比外婆先走一步，克丽西希望后走的可以把家里的最新消息带给先走的）

好几代的家人因为信仰而得以联系在一起。天堂的信仰有如粘胶，将父母、子女、祖父母、曾祖父母黏贴在一个爱的圆圈内。天堂使这个疯狂的世界变得有意义。就算一位心爱的家人死了，有了信仰，我们就能盼望终有一天我们还会重逢。

信仰也可以使我们的女儿对自己年迈的老爸，以后不在人间的日子，事先做好心理准备。

爸爸走了以后

她是一位重要的女性，起码有85岁了，或许将近90岁，一举手、一投足，都显得相当虚弱，骨头好像一折就断。她很沮丧，不确定自己是否还想活下去。

"其他人都走了"，她以疲倦而软弱的声音解释到。她是家里最小的孩子，双亲和兄姐都已进入永生。许多朋友也走了。至于那些还健在的，多半也因为身体状况欠佳，无法前来探望她。

她觉得非常孤寂。

你知道当我看着那位老妇人时，内心想到什么？

我想到萝仁。

她的大姐大她二十几岁。她不到40岁时，父母很可能就离开人间。虽然今天的萝仁是个年轻、快乐的孩子，一想到80年后她会成为一位孤单年迈的老太婆，我就很伤心。

这很有可能。这是生命无可避免的周期。

虽然我很珍惜和萝仁父女一场的缘分，但我也知道不能永远陪伴在她身边（就算精神不死，肉体也会凋零）。一想到这里，我就心慌意乱。

老爸们，女儿年老以后，我们已经不在了。以下的意见绝无冒犯任何人的意思，请体会我现在的心情：老婆婆（还有老公公）的行径往往像个小孩子，她们再一次依赖别人来照顾她们的生活起居，人家得提醒她们吃药。她们可能无法自己一个人过活。

当萝仁活到那把年纪，她再次需要一位父亲，而我已经不在，不过我的爱还在，这是她年轻时就感受到了的，我的爱会陪伴在她身边。这或许不能完全排解普遍存在于老人之间的寂寥之感，但起码可以减轻剧痛。

这一点非常重要：好爸爸知道要将女儿对他的爱转移到另外两个人身上：一个是她的先生，另一个是她的儿子。有一天，我们将无法留守在女儿身边履行父亲的义务，基于这个简单的理由，我们可得好好努力。我们的女儿必须学着依赖别人。老爸们，女儿可以从你们那边继承的遗产，没有什么比信仰更好的了。

爱女儿

爱爸爸

注释

[1]　鲍伯·卡里瑟，《蝴蝶之吻》(Nashville：J. Countryman，1997)，经授权转载。

[2]　Rita Koselka 与 Carrie Shook 合著，"Born to Rebel" Or Born to Conserve，《富比士》杂志，1977 年 3 月 10 日，P146。

<table>
<tr><td>第十一章</td><td># 教女儿他人优先</td></tr>
</table>

第十一章　教女儿他人优先

我接过一通恰克·寇生（Chuck Colson）属下的监狱慈善工作人员打来的电话，央请我打破一项重要的惯例。我很少主持会议。好吧，老实说，从来就没有主持过。要我在晚宴上演讲，我很乐意，但我不喜欢当主持人。这不合乎我的行事作风。

但我对寇生的慈善工作人员深具信心，所以点了头。"时间定在复活节过后的礼拜一"，对方告诉我。我看看月历，那天刚好没事。

"把我列进去"，我快快地说，事后才慢慢地后悔。

或许是命运的安排，我的母校亚利桑那大学的篮球队（在此顺便一提，我是他们的一级球迷，总是坐在第六排）在"三月疯"（March Madness）中过关斩将，打进全美大学体育联盟男篮四强决赛。身为一级球迷，我在这场体育界一票难求的盛事拿到了一级棒的票——第十六排。除非你有特殊的渠道，否则才拿不到这样的票呢。

本来我对母校篮球队精彩的表现得意洋洋，直到听说四强决

爱女儿 爱爸爸

第十一章 教女儿他人优先

159

赛的最后一场冠亚军争霸赛排在复活节过后的礼拜一。

我万念俱灰。事实上，接下来的48小时我大发雷霆，企图找出一个名正言顺的借口推掉这场慈善晚宴，正正当当地坐在赛场第十六排，观看"野猫"夺下全国篮球联赛的锦标赛。毕竟，亚利桑那大学从来就没有打过冠亚军争霸赛，谁晓得以后还会不会有这样的机会？

但没有用。我已经答应人家了。而且，监狱事工值得我为他们牺牲，就算这意味着牺牲四强决赛一级棒的票。

我们的女儿成长的环境充斥着歌颂爱自己的信息。"学着爱你自己"，名流行歌手惠妮·休斯顿高唱："这是最伟大的爱。"

培养适度的自信和自尊，对我来说，不是什么问题。爱自己这个信息的危险，在于诱使年轻女性将自己看得比其他一切都重要。

以他人为中心其实是让我们女儿快乐的关键，想不到吧。年轻女性活在世上如果只为了引起别人的注意，会永远感到挫败，因为别人对她的注意永远嫌少。就算她当上超级模特儿，在这一行也只能待个5～10年，之后年龄就成为她的致命伤，《时尚》、《魅力》等杂志的编辑开始觉得她的长相"难登大雅之堂"。失去自己最宝贝的东西（无常的美貌和青春）她满怀怨怼。

相反的，努力注意别人的年轻女性将永远心满意足，因为需要被注意、被欣赏的人源源不断。她发现自己年老以后，将会更有价值，也更加满足。

我们必须向女儿示范尽义务、放弃快乐，或如我的例子，选择主持会议、放弃四强决赛，好让她们学会，为了比自己重要的理由或目的而牺牲小我。我也乐于看到她们对奉献自己、服务人群的工作有兴趣。

奉献自己、服务人群

凯瑟琳·肯尼迪·汤森（Kathleen Kennedy Townsend）知道怎样把事情完成。有一回，她在一家餐厅和《好管家》杂志的一名记者碰头。这家餐厅的菜单上看不到奶昔，根据凯瑟琳的推测，一家餐厅如果供应牛奶和巧克力冰淇淋这两样东西，就应该能够应客人要求做出巧克力奶昔。

当然，服务生向罗伯·肯尼迪的女儿确定该餐厅不供应奶昔。凯瑟琳于是将记者留在座位上，请服务生靠边站，她消失在厨房里。几分钟后，她返回座位，手里端着一杯奶昔。

长大以后，凯瑟琳的大半生涯都在担任公职。她17岁那年父亲遇刺，但这个悲剧并未使她打消竞选公职的念头。角逐国会议员落败以后，她争取马里兰州副州长一职，结果顺利成为该州首位女性副州长。

身为马里兰州一人之下的首长，她开全国风气之先，率领全州一起积极主动而有系统地打击犯罪行为。她的策略是整合各个政府机关原本有如一盘散沙的工作，包括：小区守望相助、执行缓刑、遏止妨碍他人的行为、防治青少年暴行、小区动员。

根据凯瑟琳的说法，有一件事帮助她做好把事情完成的心理准备，那就是"我父亲相信为孩子铺设一条崎岖难行的道路，对孩子有好处，因为这会逼使他们铆足全力，而变得更有能力。父亲的信条是：试一试……不放弃……得胜！"

爱女儿

161

爱爸爸

当你听到凯瑟琳描述她的父亲，你就知道罗伯·肯尼迪做对了很多事。他的女儿说从他身上明白"就算是实事求是的硬汉，也有他温柔敏感的一面。他是一位非常慈爱的父亲。"[1]

罗伯·肯尼迪或许真的既敏感又关心女儿，不过他也不忘教女儿要实事求是，要试一试、不放弃，撑到最后得胜的一刻。他在与凯瑟琳共度的那 17 年所做的事，比许多父亲六七十年所做的事还多。

你有没有教过女儿为他人服务的重要？她知不知道如果自己所关心的，是在小区发挥影响力，而不是每天花 3 个小时在健身房努力减肥，人生将会更令人满意？她知不知道不屈不挠、不放弃的重要？你有没有教过她奉献自己、服务人群有时候会对自己造成损失？有没有教过她为了照顾别人，有时候得放弃自己想做的事？

伊丽莎白·艾略特（Elisabeth Elliot）的慈善工作使她失去了丈夫（他被奥卡族印第安人杀害）；贾艾梅（Amy Carmichael）决意为东印度人做慈善工作，于是舍弃时髦的时装，开始穿起东印度人的衣服。这些女性示范了大无畏的精神与真正的信仰，而这些东西永远也不会过时。

我在几年前帮助过一个人，当时他在我平日加油的加油站工作。他和妻子育有几个幼儿，刚遭遇到一些困难，日子不好过。我得知他的遭遇以后，回家告诉家人。

"他们这个圣诞节手头会很紧"，我说："我们能怎样帮助他们呢？"

我让孩子们自己设法，其中一个孩子想到一个点子：他们可以捐出自己一些玩具，作为圣诞礼物。我特别提醒他们，真要送人家礼物，就必须捐出自己真正喜欢的东西，而不是自己从来不玩而且知道别的孩子也不会去玩的玩具。

荷莉对填充动物玩具并不太热衷，但有两个她倒是很宝贝的，一个是名叫里拉克的玩具狼，另一个是饰有奥林匹克五环标志的浣熊。这浣熊是几个礼拜前她刚收到的生日礼物。

我至今还记得荷莉突然用前所未见的力道抓起浣熊。"爸，它真酷"，她说。最后，她让出这头浣熊。"你说我们应该把最好的东西给人家，浣熊和里拉克是我最好的玩具。"

让你们的女儿了解为人服务时，自己受点伤没有关系。

因为我知道有必要教导孩子这个真理，所以终于出席寇生的慈善晚宴，不过我得坦承将一台迷你电视藏在了大衣内。不在台上的时候，我得瞄一下球场上的动态，顺便瞧瞧那些坐在我座位上的幸运鬼。

我努力装出一副仔细聆听恰克说话的样子。我用双手捧着那台两寸的小电视（我把声音关掉），姿势看来就好像是坐在桌子旁边紧握双手。但你骗不了寇生律师的。

他显然从我的镜片注意到电视的反光。在讲台上演讲的时候，他突然出其不意地问道："现在几比几啊？"

全体哄堂大笑，而我这个家里的老幺则是糗到了极点。

女儿们好爱这个故事。让她们听听我在这种情况下因为做了应该做的事而遭受一点损失，对她们会有好处。她们知道我殷切盼望能去看这场球赛。那两个半小时我宁可待在举行四强决赛的球场内，也不要到世上任何其他地方，这么说一点也不夸张。

但我却错过了这场球赛。

学着让别人优先，不只让我们的女儿人生道路更加完善，也

第十一章 教女儿他人优先

爱女儿

爱爸爸

163

更能确保她们未来有个美满的婚姻，因为让配偶优先，正是夫妻关系满意的关键。

真爱

当我的女儿有一个负担，那就是得听我演讲。不是在家演讲，请听好：是经常在学校演讲。荷莉在一所很好的小学校就读，是位于宾州葛洛夫市长老会创办的葛洛夫学院。学校当局邀请我做一场两小时的演讲，谈谈孩子对性应该知道的一切。

我先问荷莉的意见。试想一下，听她父亲站在她同学面前大谈特谈这种事，多糗啊。不过荷莉要我尽管去讲，所以我就去了，一方面怀着能传授一些有用知识的希望，另一方面又不想冒女儿不认我这个爸爸的危险。

"各位，请听我说一下"，谈到结尾，我激励他们。"假设现在是 10 年后，你们已经结婚了。你和妻子躺在床上……"我停顿下来，就在这个时候，男生开始发出印第安人作战那种呐喊声，其间还穿插着泰山式的叫喊声以及在学校和人家打架那种吵闹声。"你们正在睡觉。"呻吟声、嘘声齐响（显然对这些孩子而言睡觉有那个意思）。

"突然间，你听到一声巨响。你被吵醒，茫然不知发生了什么事。你去接电话，但声音并不是从这里传来。你再走到收音机旁边，但声音也不是从那里传来。接下来，你终于明白这凄惨的叫声来自你的爱人的胸腔和喉咙，她病得很厉害。"

"'亲爱的，你得帮帮我'，她说，于是你带她到浴室，才走到

164

一半，她就吐得满地都是，擤出来的鼻涕之多，你这辈子可是前所未见。"

孩子们开始鬼叫起来。"哎哟！好恶心哦！"

"猜猜谁会把秽物扫干净？"我问他们，突然间，全场一片死寂。

时光快速前进好几年。荷莉和未婚夫的家人回到东部。因为他们还没有结婚，所以分房而睡。半夜时分，荷莉听到一阵频频的干咳，声音很大。她起来看看有什么不对劲，结果发现她的男友正跪在马桶前面，活像在打坐。

他也有失误的时候。

"爸，真高兴我从头到尾听了你的演讲"，荷莉告诉我。"我花了一整个晚上清洗他吐出来的东西。"

荷莉明白自己和未婚夫共处那 4 个小时所学到的有关夫妻之爱的真谛，远比观看珊卓·布拉克、汤姆·克鲁斯、茱莉亚·罗勃兹、李察·吉尔所有的电影所学到的还要多。

我清楚一件事：帮助女儿看清大多数人的人生十之八九是残酷的现实，而幸福的只占一二分，可以使她们的日子平顺得多。婚姻中服务的成分多于浪漫的成分。

即使是在床笫之间，或是两人之间的对话，也是如此。男士们，我们即将进入最棘手的话题：怎样和女儿谈论性。告诉女儿，男人婚后在这方面想得到怎样的服务，是我们的责任（正如我们必须教儿子在这方面怎样服务他们的妻子）。女儿无法凭自己的直觉搞清楚男人到底想要什么；告诉女儿这码子事妻子究竟怎样让丈夫优先，对她们会有帮助。

爱女儿 爱爸爸

　　我在前面曾经提到男人想要的是性满足，而不只是性。问当妻子的，丈夫最看重什么，我敢打赌大部分的人会说是性。但男人光有性而缺乏性满足，就好像女人隔着报纸和男人说话一样，光是女人在讲，男人偶尔回一句："啊哈？"会让妻子觉得老公不过是在重复同样的动作，根本不知道她到底在讲什么。她要对话，但不是那样的对话。

　　问女人性和性满足有什么不同，她很可能会摇头。当妻子说："好吧，如果你真的认为你有那个需要，我会试着不要假装很累或是屋子很乱，不过能不能快一点，早点办完事？好让我起来把厨房扫完。"这不是性满足。

　　性满足的基础，不在妻子愿意做，而在妻子迫切想做。妻子如果愿意，很好，但光只是愿意当个花瓶，不能让男人满足。没错，身为男人，我们对性的态度是来者不拒，但对方如果迫切想做，我们会高兴得多。

　　我知道自己应该道貌岸然一点，不过我还没有遇到过什么男人不希望妻子在房事上偶尔采取主动的。如果我们想让女儿和他们的丈夫享受婚姻的这个要素，可以帮她们事先做好准备。可悲的是，有太多向我咨询的妇女告诉我："结婚那天，母亲把我拉到一旁，说：'性是你未来得学着去忍受的事。只要躺下来，让他自个儿好好享受就好了；如果你放任他办完事，通常要不了多少时间的。'"

　　这种话的杀伤力多么大啊！不要用这种态度和女儿说话。我们可以告诉她们："不要光是点头，试着向他索求！如果你想让丈夫满足、狂喜至极，就让他惊喜吧！让他看看你穿上从未看你穿过的衣服。光是想到这是你自己预谋的，不是他要求你做的，就足以让他大为感动。尝试以前没做过的事，不断告诉他性爱对你有多么重要，然后以行动证明你所说的话。"

如果有女士正在阅读这一章，我知道她们会对自己说："我永远做不到。我永远不会'性'致勃勃。"这正是我为什么鼓励父亲要教女儿别人优先的原因。你是否认为女儿的情绪（以及财务、心灵）会影响女婿对婚姻的满意度？你是否认为她会希望老公开车去上班的路上会这么自言自语："真庆幸我娶了那个女人？"

当然希望！指点她什么会让一个男人庆幸自己娶了某个女人，可以帮她如愿。别让她嫁了3个男人以后才发现该怎么办，帮她第一次就搞清楚。她必须了解性对她可能永远不像对丈夫那么重要，但她还是可以采取主动，因为对她来说，丈夫的情和爱很重要。

为了避免有人误以为我认为只有女人得服务丈夫，让我强调这一点：我也会告诉男人要遵守同样的原则。如果这是一本谈论母子关系的书，我也会谈到母亲务必告诉儿子：妻子想跟他们讲话的时候要把报纸放下来，这一点非常重要。男性也应该和女性一样让别人优先，这一点对两性来说同样重要。结了婚的男人有很多机会让妻子优先。

举例而言，我还没有遇到过一个男人可以符合报上常见的私人广告所要求的所有条件："单身女性寻找关心别人，善解人意，喜欢优哉游哉地散步、安安静静地聊天、依偎在火炉旁边观看爱情喜剧的男士。"得了吧！丈夫下班回到家以后，通常不会说："我迫不及待想坐下来和太太聊个45分钟的天。"但我鼓励男士们还是要这么做，因为这对太太很重要。

向我咨询的夫妇大多患有相同的毛病：自私。他们的婚姻陷入一个死胡同：因为丈夫不够罗曼蒂克，所以妻子"性"趣缺缺。丈夫说做得不够，于是罗曼蒂克不起来。除非夫妻俩都采取主动，改变自己的态度，否则这场婚姻会落到夫妻相互严厉谴责、彼此的需要都不能得到满足的下场。

如果教导女儿别人比自己重要，她们在婚姻的起跑点上会占很大的优势。她们会更满意和别人的关系，因为她们懂得服务别人；以及和配偶的关系，因为她们懂得和配偶卿卿我我。

当然，让别人优先有其局限。服务有时非但不能帮助别人，反而还会造成伤害。我们也应该教导女儿这一点。

爸，你为什么不帮他

有一回荷莉和我从一位拿着拐杖坐在长椅上的白发老翁面前经过。荷莉当时还很小，一直牵着我的手。恕我直言，在我看来这男子显然喝醉了。他叫喊着："先生，对不起，能不能帮帮我？"我马上将荷莉推到一旁。

我紧握着荷莉的手，轻声说："走吧，亲爱的，让我们离开这儿。"

"可是，爸，他要我们帮助他"，荷莉抗议。

"荷莉，我们不能帮他，"我试着解释。"他只要钱，但钱不是他真正需要的东西。"

荷莉当时才六七岁大。然而，身为老大，她看事情总是黑白分明，她硬是不能接受我从一位求助的男人面前走过却不予理会。

"我还以为你说过我们应该帮助别人。"

"荷莉，我们是应该帮助别人，可是给他钱不能帮助他，只会害了他。"

我们走到一家杂货店买点吃的，但荷莉还不肯罢休。每隔几分钟，就跟我重复一次："我还是觉得我们没有帮助他很坏。"

这样过了约半个钟头，我最后说道："好吧，荷莉，告诉你我打算怎么做。我们走回那个男人那里，然后我会让你看看我们为什么不能帮他。"

我们走回去，果然不出所料，他匍匐在地上，嘴里咕哝咕哝的，烂醉如泥。

"怎么了?"荷莉问。

"有人给了他一些钱，他买了酒，你看酒瓶正握在他手中。我们要是给他钱，他也会花在这东西上。"

荷莉一言不发。

"帮助别人的确很重要"，我又说："可是有时候，你最好是为那个人祷告，而不是给他钱。"

我要教女儿明白奉献自己、服务别人的意义，但这和给别人机会毁了自己不一样，我会区分这两者之间的差异。比如说，我不建议一个女人基于她需要"让别人优先"的理由，而和一位虐待她的男人在一起。那不是我这一章的本意。一个有支配欲、好虐待别人的男人最需要的，就是有人反抗他，说："住手!"

那才是他应得的服务。

注释

[1] 亚伦·艾伯特，"Fathers and Daughters"。

爱女儿

爱爸爸

第三篇

爸爸的困境

当母女的夹心

第十二章

常见的一幕：宝宝刚生下一个礼拜，半夜醒来哭闹。妻子实在太累了，继续熟睡。这是宝宝出生以来她第一次在这种情况下还睡得着。

老公听到哭叫声，把老婆叫醒。"宝宝在哭"，他说："一定是饿了。"

妻子仔细听了一会儿。"不是饿了，只是尿布湿了。"

"你怎么知道?"丈夫问。

"听她的哭声就知道了，不是饿了，是尿布湿了。饿的时候，她的哭声不是这样。你帮她换尿布，我需要睡眠。"

老公内心存疑，不过他善解人意，要老婆好好休息，所以起来帮宝宝换尿布。不用说，换完尿布以后宝宝又睡着了。

母亲能异常敏锐地察觉自己的宝宝需要什么，几乎凭第六感就知道宝宝到底想传达什么信息。可惜的是，这很可能会妨碍孩子的发展。母亲太会预料孩子的需要，可能造成孩子不去学习有效地传达自己所需要的方法。

173

第十二章 当母女的夹心

爱女儿 爱爸爸

根据研究人员的说法，一个积极投入的父亲可以帮助女儿在这方面的发展。父亲和孩子互动时，孩子得被迫学习用更有效的方式和父亲沟通。父亲这个特质原本被认为是个缺点，但其实是个优点。

这个例子证明父亲对女儿人生的各个阶段都占有举足轻重的分量，还有其他许多例子可以证明这一点。现在，没有什么西方人会怀疑父亲一职的重要性。美国在殖民地时期，一般都认为父亲应肩负起照顾孩子的主要责任。18世纪以前，养育子女的手册多半是为男士而写的。直至19世纪，女方才开始在离婚后争取到子女的监护权，19世纪以前，孩子几乎都归男方抚养。[1]

但在今天，不谈结果是好是坏，养育子女已经成为女人而非男人分内的工作，起码这是一般人的想法。尽管许多妇女团体为这个现象感到惋惜，有时也暗示男人大都笨手笨脚、怠慢、忽视养育儿女的职守，不过还是有许多家庭的妈妈不要爸爸卷入，至少不要卷入带孩子的事。与一般人的想法相反，越来越多证据显示"希望丈夫在养育子女一事上负更多责任的妇女寥寥可数，其中职业妇女所占的比例和家庭主妇相去无几。"[2]许多妇女强烈反对丈夫因为妻子生产而请假在家帮忙照顾孩子。问这些妇女原因，有些人会承认不想让孩子和父亲黏在一起而培养出亲密关系，与她们自己和孩子的亲密关系竞争。

我们有必要解决这个困境。男士们，如果你们的妻子是这种人，态度要强硬，女儿需要你们的投入。有些人的妻子可能会出于竞争的心理、害怕失去对孩子的影响力、意识到自己的身份受到威胁，而有意或无意地破坏父女间的亲密关系。可惜少数的母亲认为父亲应该负责赚钱养家，把带孩子的工作交由母亲来做。有些母亲担心孩子如果由父亲带，就再也不能独占孩子。由于对自己的能力没有信心，她们连带剥夺了女儿应享有的权利。

研究显示母亲对父女关系所抱持的态度，与父亲卷入女儿生活的程度大有关系。如果丈夫察觉到妻子不希望他左右女儿的生活，或是妻子让丈夫感到自己完全不了解当个女人是怎么一回事，所以应该将实质的事情交给她，老公就不太可能积极投入、肯定女儿。但女儿却渴望能有一位积极投入、肯定她们的父亲。

母亲在有意或无意之间破坏父女关系的另一个方法，就是坚持父职和母职没什么两样。父亲在卷入女儿生活的同时，会将自己的意见、价值观、信念灌输给女儿。他可能鲁莽，妻子可能温柔。你不能期待男人用女人那一套来养育孩子。我们的理想不在于给孩子两个妈妈，而在于给孩子一个妈妈还有一个爸爸。

根据我个人的经验，妻子如果对丈夫的参与怀有怨气，就算她不明显表露自己的心态，丈夫为了相安无事，还是非常乐意"附和"。丈夫可能会小试一下，但最后还是放弃而裹足不前。你们家要避免发生这种事，当爸爸的就要了解在养育子女的过程中，你们的关心和参与非常重要。

一年四季的男人

婴儿学习表达自己的意思，父亲的关照很重要，而几个月后当婴儿开始蹒跚学步时，学习接纳父亲的关照也很重要。詹姆士·赫尔左格博士（Dr. James Herzog）指出，小男孩和小女孩都非常需要认同自己的父亲，尤其是在 14～17 个月大这个阶段，其

爱女儿 爱爸爸

结果就是向父亲靠拢。[3]没有自信的母亲可能会嫉妒，甚至有被背叛的感觉，我帮她换尿布、帮她踏出第一步、哄她入睡、帮她换干净的衣服，而现在，她比较喜欢找爸爸，不多于喜欢找我！不过这样的发展是必要的，母亲应当予以鼓励，不应该阻碍。

查理·佛莱特博士（Dr. Charles Flatter）指出孩子进入童年期以后，更加需要父亲积极投入养儿育女的工作。4岁的小女生学到爸妈解决冲突的方式迥异：一个比较善于分析，一个比较感情用事。不管怎样，女儿将从中学到处理纷争的方法并不只一个。如果父亲裹足不前，女儿会变得很呆板，应付多元化社会的能力大为降低。

父母间的竞争可能很快就会白热化。5岁的小女生跟父亲撒娇，甚至讨厌母亲，是很正常的。女儿在这个年纪会非常渴望父爱，渴望到一个地步，即对父母之间那种容不下第三者的亲密关系，甚至会嫉妒。不管这个阶段对母亲有多痛苦，却是帮小女生培养出女人味的关键时期。

从6岁到青春前期（10～12岁）这期间，女儿对父亲的看法将从原先的理想化转为客观。菲力士·泰森博士（Dr. Phyllis Tyson）发现父亲如果能在这个阶段积极投入养育女儿的工作，可以帮助她学会抑制内心的冲动以及确立自己的性别认同；同样重要的一点，是积极投入的父亲可以帮助这个年龄的孩子脱离对母亲的依赖，使孩子不至于因为害怕，而自然而然产生一股"重当婴儿"的冲动。[4]

这里显然有潜在的冲突。孩子必须脱离对母亲的仰赖，才能长大成熟，而孩子自然得靠父亲来做这样的改变。母亲可能会认为父女在联手对付她，而为这个人生必经的阶段怪罪父亲。

到了青春期，女儿会拿父亲跟所有的男士比较。父亲的接纳、肯定、鼓励可以帮助女儿顺利通过这一关，进入成年期。我完全赞成女儿在这个年纪和母亲当"挚友"，可是母亲的占有欲不应该太强，致使女儿得不到父亲的关照。老爸们，你们的关照非常重要，在这个阶段，你们必须继续前进，继续投入养育女儿的工作。

在人生的每个阶段（从出生到成家）父亲务必积极参与女儿的生活。遗憾的是，父亲在每个阶段所扮演的角色似乎都会对母亲造成威胁："他不会带宝宝！""她在跟他撒娇，把我当外人似的！我可是她的亲生母亲！""他凭什么坚持安妮别孩子气？要是她还想当我的小宝贝，那又怎样？"

你在家里有没有听过这样的评语？这些想法可能导致夫妻双方的歧见和冲突，也可能单纯地被视为女儿发育成为女人的过程必经的阶段，视母亲强硬的程度而定。

男士们，如果妻子在暗中破坏你和女儿的关系，请她读读这一章吧。好好和她谈谈她的恐惧，不要漠视她的恐惧，也不要因此而让步。倾听她的心声，向她确保你对她的爱，但也要坚称自己渴望能一直积极参与女儿的生活，也打算这么做。

不过，和妻子恳谈之后，我要你进一步好好自我检讨。照顾女儿会让妻子觉得受到威胁，部分原因可能在于你偏爱女儿却忽略了妻子。父亲关心女儿却忽略妻子对女儿的重要性，并不比父亲忽略女儿好到哪里去。女儿需要目睹健全的婚姻，作为自己婚姻的榜样。

想当个成功的父亲有两个条件：一是积极关心女儿，二是积

爱女儿

爱爸爸

极关心妻子。现在就让我们将注意力转移到第二个条件。

积极关心妻子的父亲

　　吉姆有两个女儿，他的太太名叫艾丽斯，长得美丽动人，想当模特儿不成问题。当她走进餐厅，男人都会对她目不转睛。

　　吉姆爱开玩笑，为人亲切友善，但只限于和女儿在一起的时候。他非常疼爱女儿，对她们和蔼可亲，积极参与她们的生活，出席她们的足球赛和舞蹈表演，甚至在练习的时候也经常到场为她们打气。

　　他的父爱真是无可挑剔。

　　然而，提到对艾丽斯的爱，吉姆还需要加点油。艾丽斯对爱有明确的措词："我需要他碰我、爱抚我、迎合我、和我说话。"换句话说，艾丽斯要吉姆像对待女儿那样对待她，但吉姆几乎从来没有碰过自己的妻子。不管在性或其他方面，他都对妻子不感兴趣。

　　当我和吉姆夫妇协谈的时候，发现吉姆生长在一个严厉的家庭。大人期待小孩子乖乖听话，而且只有人家和他说话的时候才准开口。就吉姆记忆所及，他从来没有看过父亲亲吻母亲、拉她的手，或是深情款款地拥抱她。

　　在理智上，吉姆知道自己不该像父亲对待母亲那样对待艾丽斯。虽然吉姆深知这么冷淡的态度会让妻子觉得他很残忍，但他还是无法和她亲近。

　　艾丽斯当然会困惑。不少男人讨好她甚至公然示爱，但都被她斥退。她只希望丈夫能对她表示关心，他对她却弃之如敝屣。

男士们，我从来没有遇到过任何妻子告诉我说："在丈夫的心目中，我排名第二，孩子排名第一，我真是感激不尽啊!"

我们身为男人的义务，就是亲近我们的妻子。

不断的羞辱

就算我们很累，就算我们有工作压力，就算我们已经说了一整天的话，再也挤不出任何话来，我们还是需要和妻子亲近。你可能有个混账老板，毫不留情地压榨你，而且对你不公平。可是你回家以后的心情如果继续受他的影响，忐忑不安，等于放任他来折磨你的妻子和孩子。你有义务保护家人免受这个混账的侵害。

既然你会阅读这本书，那说明你对养育女儿很重视。善待女儿最好的一个方法，就是照妻子希望你爱她的方式来爱她。女人要是觉得丈夫在支配她，就没有被爱的感觉，而支配欲往往是我们男人最大的缺点。我发现有些男人有时候连他们自己在"支配别人"也不知道，现在就让我具体加以说明。

贾尼丝花了一个半小时购买杂货回到家，一丝不苟的马克在门口等她。他竟然要求看收据，然后逐项计算贾尼丝购买的每样东西。"你干吗买这个新上市的软管酸奶（Go-gurt）给孩子？为什么不买普通的酸奶？你晓得这比较贵。"

"我不过是想到他们放学后可能喜欢吃点特别的东西，不过就是这样嘛。"

"那花 10 块钱买特级咖啡又是怎么回事？"

"我有一些朋友会来，不想请他们喝普通咖啡。"

"我还以为我们要开始节约了呢……"

这种支配欲会让女人变得有气无力。

还有一些男人用火气来支配别人。他们清楚只要他开始咆哮，妻子和孩子会立刻就范。这些男人累了的时候，根本不会试着好好与人相处，只会大吼大叫。

另一种有支配欲的男人从不主动向妻子求欢（我必须承认这种男人令我百思不解）。他一反常态，把性当成操控的手段，而不是一件令人愉悦的事。这通常只会发生在丈夫了解妻子的性欲比自己旺盛的情况。他不会像许多男人那样面带微笑、享受鱼水之欢，而是恶意地压抑自己的爱意，让妻子受苦。

你们可能不知道自己在做什么。另外一些人可能相反，对自己在玩什么把戏一清二楚。然而，后者可能不知道一件事，那就是他们伤害的，不只是妻子，还有女儿。

如果你的婚姻不和谐，你的女儿在未来得付出代价。女儿需要我们向她示范一段基础稳固、关心子女、相亲相爱、相敬如宾的婚姻。你能送给女儿最好的礼物，就是让妻子在你眼中排名第一。如果你将所有注意力放在"爸爸的小女儿"身上，什么也没有留给爸爸的太太，就不能养育出健康的孩子。

建立稳固的婚姻，就可以给孩子一项无价之宝，那就是亲密无间的父母。

亲密无间的父母

有一天，马克斯和15岁的女儿贝丝开车出游，贝丝途中开始谈到大学的事。贝丝个性非常拘谨，只在想讲话的时候才会开口，而就算开口，也只讲自己的事（这通常发生在她和爸爸坐在车子内或做其他事情而不必面对面坐着的时候）。因此，马克斯已经学到每当贝丝愿意打开话匣子时，就洗耳恭听。

马克斯认可这一点，努力当个忠实的听众。当贝丝谈到对上哪一所大学感到困惑时，马克斯终于问她："那么，亲爱的，你大学毕业以后想做什么呢？"

贝丝停顿一会儿，然后承认："不知道。我只知道自己不想做什么。"

"不想做什么？"

"不想工作。"

马克斯忍不住大笑起来。"贝丝，你晓得人活在世界上，就得工作。"

"我晓得。我愿意工作，但要像妈妈的那种工作——待在家里。我要当妈妈。"

马克斯接着说了一番很有见解的话："你如果想和妈一样，最好嫁一个像爸这样的男人，肯让太太待在家里带小孩。并不是每个男人都愿意这么做。"

马克斯所做的，就是让夫妻关系与父女关系相辅相成。他要贝丝明白他和妻子同心协力、亲密无间。如果贝丝想要过母亲所享有的那种生活，就要找一个类似她父亲的男人。

想想看这对一个女孩是多么大的鼓励。她有一位好父亲和一位好母亲当她的榜样。父母双方帮助她了解男人和女人怎样相处、合作、维护一个健康的家庭。没有缺口需要她去填补，也没有裂

缝需要她去修复。呈现在她面前的，是一段完好无缺的婚姻，向她示范一位幸福的女人怎样生活，一位优秀的男人怎样生活，他们两人又是怎样和睦相处的。

老爸们，这是不是你们要给女儿的东西啊？难道你不希望她的婚姻幸福美满吗？如果希望，那就学着好好与妻子相处吧。好好爱你的女儿，但要将焦点放在妻子身上。你如果这么做，女儿将更加获益。

注释

[1] David Blankenhom, "The Good Family Man," MN Children Youth and Families Consortium Electronic Clearinghouse, www. cyfc. umn. edu.

[2] Ronald Pitzer, "Research on Father Involvement," MN Children Youth and Families Consortium Electronic Clearinghouse.

[3] 赫尔左格博士、佛莱特博士、泰森博士的意见见于 "The Father's Role," Katherine Ross 辑, *Sesame Street Parents*.

[4] 同上。

第十三章

吾家有女初长成

某个星期天晚上 10 点。珊蒂大叫："亲—爱—的—?"

这和普通的"亲爱的"不一样。当她叫我"亲—爱—的—"，表示有要事。

"什么事?"我问。

"能不能帮个大忙?"

"怎样的大忙?"

"能不能替我跑一趟超市?"

"超市? 干嘛?"

"嗯，我那个刚来……"

"不，别叫我做那种事，请别找我。除了那件事，什么都好办。我不想去，我的回答是不帮。"

10 分钟后，我停好车，走进超市。就我所知，接下来就是站在妇女卫生用品区，看到小小一片玩意儿竟然能有这么多不同的种类，我大吃一惊。我可不想要不了多久又折回来买，所以选了一盒 40 片装的。"那应该够她用好一阵子了"，我告诉自己。

你想买那些卫生棉条对吗？当然不对。我到今天还是搞不懂为什么不对（不过珊蒂说得很清楚，种类不对、吸收力不对，等等）。那上面明明写着超强。给男士一个提示：别被超强这两个字愚弄了，这是个陷阱，超强不表示粗壮。

于是，10分钟后，我又回到店里。只是这次我决定采取一网打尽的策略。

我通通买下来。普通型、量多型、超强蝶翼型、plastic、超薄型、一般型、有香味的、没有香味的。每一种款式、每一种商标、每一种牌子，通通进入我的购物车内。"现在要做的，就是离开这里，"我自言自语。

真不巧，走到出口以前，得先经过一名19岁的女结账员。她一边的耳朵戴着4个耳环，嘴里嚼着口香糖，大概有3包那么多。

"喂，这些要不要装在袋子里？"她边问边吹泡泡。

"不要"，我偷偷对自己说，"让所有的左邻右舍看到凯文·李曼去买妇女卫生用品时像个大笨蛋。"

由于这次的经验，我愿意承认有一些事情只有母女可以一起讨论，好比买卫生棉。不过，性绝不包括在内。有些父亲看到女儿的身体开始发育就打退堂鼓，时机的掌握完全错了。这正是父亲应当更加靠近的时候。对发育中的少女来说，父爱是个安全的港口。

可悲的是，我看到20世纪80年代、90年代所做的许多研究，证实了父女关系随着女儿越大就越淡薄，而父女互动的性质也会改变。有一项研究发现女儿进入青春期以后，父亲往往只关心女儿课业的表现以及未来的计划，对于她日常生活的种种（男朋友、衣着、朋友、娱乐）问都不问。这些父亲未免太早变成老古董了吧。

有数不清的母亲向我埋怨和丈夫之间的对话就像这样：

"那个……玛吉，小苏西正在……嗯……那个……发育。"

"发育？"玛吉假装羞答答地问到。

"是的，她那个，嗯，有那个，我是说……"

"胸部，哈维。人家管那叫胸部。她14岁了，那完全正常。"

"好吧，你或许应该跟她谈一谈。"

更伤感情的是，玛吉注意到爸爸不太愿意拥抱他的小苏西。

就在少女因为自己的身体起了变化而感到不安、纳闷男人怎么把她当女人，而不再把她当小女孩时，父亲偏偏打了退堂鼓。这无异是在向她证实她最害怕的事是真的，甚至可能使她向一位热情洋溢、血脉贲张的男孩投怀送抱。这个男孩非常乐意关照她，只是代价太高了。

好爸爸会继续与发育中的女儿亲近，而且会做好心理准备，和女儿谈谈"端庄"这项早已消逝的美德。

回归端庄

23 岁的温迪·雪莉（Wendy Shalit），是威廉学院（Williams College）一名勇气可嘉的学生，在 1999 年初以处女作《回归端庄：探索消逝的美德》（*A Return to Modesty*：*Discovering the Lost Virtue*）一书震惊文坛。

雪莉在书中支持传统的看法，辩称当今的年轻女子所遇到的许多问题，原因出在她们不再尊重端庄这个已被忽略的美德。根

爱女儿 爱爸爸

据雪莉的看法，男女关系复杂（这往往被歌颂为妇女解放）对女性只有坏处没有好处，只会导致女性自尊心低落，并受到男性的轻蔑。

她的看法令我大受鼓舞。雪莉在书中引用雅各布·布伦伯格（Jacobs Brumberg）在《身体计划》（*Body Project*）一书中对女孩子的日记的研究作为例证，描述 1890 年的年轻女性的新年决心经常如下：

"下定决心：说话前先三思、勤奋工作、谨言慎行、不胡思乱想、庄重、关心他人。"

到了 1990 年，典型的日记如下："尽全力让自己样样改善……计划减肥、换新镜片、已经剪了新发型、化了好看的妆、买了新衣和新配件。"[1]

我们的文化已经变得非常偏颇，我们或许得从上一代才找得到女儿合宜的榜样。我们教出来的女儿，不必成天梦想要成为泳装封面女郎，我们可以用贾艾梅、伊丽莎白·艾略特、克拉拉·巴顿（Clara Barton，译注：美国红十字会创办人），或是伊丽莎白·杜尔等人的传记来激励她们。

其次，一个好爸爸会从女儿小时候就一直和她讨论性的话题，等到女儿开始发育，早已做好准备。

胆怯的大丈夫

罗伯是海军陆战队的勇士，可说是天不怕、地不怕。不管和谁做肉搏战，都会占上风。他对枪支相当熟悉，不管是哪一型，都能开枪。他可以泰然自若地沿着 100 米高的悬崖峭壁边走路边说话，好像在公园散步似的。

他是那种真的不需要用止汗剂的男人，因为他几乎从来不流汗……除非提到女儿懵懵懂懂的"性"趣。

4 岁的小女生怎么做得到敌人做不到的事？

老爸们，不要怕女儿对性有兴趣，上帝早已将性欲赐给她们了。你的责任不是回避，而是将她们的"性"趣导向正确的方向。这么做将可以帮助女儿享受婚姻生活的精髓。

我们的一个女儿还很小的时候，有一次一些朋友到家里做客。女儿正在看电视，看着看着开始摸起自己的身体。不到几分钟，她像个脱衣舞娘般扭腰摆臀起来，才 3 岁的小孩唉！她的母亲看了简直快吓坏了，要我好好注意。"你是心理学家！想想办法！"

我从椅子上站起来，若无其事地走到她身边，将她抱起来。"亲爱的，"我说："听好。没错，我们都会摸自己的身体，但不是像你那样摸。如果你真的要那样摸自己，应该到房间去。你要不要上楼到你的房间去啊？"

"不要，我要看电视！"

她不太知道自己在做什么。有二十几双眼睛盯着她瞧。3 岁的幼儿做出这样的动作其实是下意识的，反射的成分大于真正的兴趣。

请注意，对这件事我既没有大惊小怪，也没有置之不理。最重要的是，不要害怕。对这码子事采取消极被动的立场，已经对许许多多小女孩造成伤害。和她们谈吧。给女儿一个安全的环境来学习性的秘密，并教导她们正确对待性的原则，将可以帮助她们免去许多麻烦。

爱女儿

爱爸爸

安全的性

我的意思并不是这对我来说没什么，但是如果我不和女儿讨论性这码子事，你知道谁会和她谈吗？一个对我的女儿图谋不轨、热血沸腾的小男孩，或是青少年杂志那些鼓吹婚前性关系的编辑。少女要是对性没有那么一点好奇，就太反常了，她一定会去找答案的。如果她感到自己的爸爸不愿意和她讨论这码子事，她会到别的地方去找答案，而你将完全无法掌控她所听到的信息。

想到女儿会自个儿去找答案我就很害怕，比和女儿谈论性更令我害怕。反正都要害怕，那何不干脆和她谈呢？只要打破沉默就好了。和女儿讨论性不是妈妈的事，是爸爸的事。年轻女孩应该在一个安全的环境和一位她信得过的男人（也就是她的父亲）讨论性。

别误会我的意思。你的女儿很可能会说她最不想听到你说的字就是性或阴茎，尤其是后者。我的女儿们小时候常说："爸，我真的不想听这个。"我们不是谈过一次就算了，而是平日经常谈，所以她们有很多机会假装不想讨论这种隐私。

虽然大女儿和二女儿有时会回避我的谈话，他们终于还是长大了，且告诉我："爸，虽然我们大声说：'我们不想听。'内心却在说：'爸，谢谢你，我们的确有必要知道这种事。'"

你们有些人一定会问："但我要说什么，李曼？"

就以我和孩子有过的一次简短的讨论为例吧。

"爸，你不觉得性很恶心吗？"一个女儿问我。

"让我问你一个问题，亲爱的。你信得过爸爸吗？"

"信得过。"

"爸爸有没有骗过你？"

"没有。"

"好。我下面要告诉你的话是真的。"我在这里是要善加利用女儿信得过我这一点。对年纪轻轻的人来说，性好像很吓人，不过因为女儿信赖我，如果由我领进门，就比较不怕。

"这话现在在你听来好像不是真的，你还太小。不过，终有一天，当你想和某个男人（你的丈夫）发生性关系时，会觉得很棒。我知道要相信会有这种事很难，不过这一天总会来到的。

"性不是什么肮脏事，有婚约的夫妻之间的性生活，是很美妙的。婚外性关系则很龌龊。色情小说和电影把女性贬低了，而事实上，性是一对终生相互委身的男女之间一种宝贵无比的经验。"

接下来我会做一件非常要紧的事：用正确的观点来介绍性。性不是为了感官的享乐，其主要目的是让两个人合为一体。我之所以强调这一点，是要凸显婚外性关系的荒谬。

"夫妻结合就是夫妻两人联合，成为一体。好，那两个人要怎样才能合为一体呢？你会算术，对吧？一加一通常不等于一，是不是？但性是让两个人在身、心、灵三方面结合的一种方式。"

这一点我讲过很多次，可以料到女儿在这个节骨眼会提出问题。她们常问的问题是："为什么大家那么爱谈这种事？"

"这个嘛……亲爱的，因为性让人觉得很棒。你有没有注意过有人摸你的身体的某些部位时，感觉很棒？让妈或爸按摩背部，是不是有一种特别的感觉？"

"是啊。"

爱女儿 爱爸爸

"嗯，性就像那样，只是更强烈。"

用这个方式向小女孩介绍性爱，听起来不是健康多了吗？她是在和一位信得过也永远不会害她的男人讨论。她知道应该如何看待性，她会牢记应该将性保留到婚后。

这些是每个小女孩起码该知道的事，而只有她的父亲能把这些事教给她。别指望国中老师来教，别期待社会工作者、小组长或医生来做你分内的事。尤其是别让女儿向一位性饥渴的青少年学习性教育，让她向你学习。

我还学到了一点：车内是和孩子讨论性的最佳场所，尤其是青春期的孩子。在车子里面谈话父女可以看着窗外。和小女儿面对面坐着、大眼瞪小眼，谈论起生殖器官有点不自然。

还有一件事和讨论性一样棘手（也同样重要）那就是为女儿示范健康的性生活。

你们还在做

妻子和我正在指导两个女儿看一本解释人生若干真相的书。插图雅致，不过清楚地交代妈妈和爸爸盖着棉被，全身赤裸。

"好恶心"，一个女儿抗议。

"什么东西好恶心，亲爱的？"

"躲在棉被下面没穿衣服。"

"噢，你认为自己是怎么来到这个世界的？"我问她。

经我这么一提醒，宝贝女儿的脑袋灵光乍现。起初，她的眼睛露出一抹似懂非懂的光芒，但即刻被随之而来的怒火淹没。

"你的意思是你和妈妈也躲在棉被下面没穿衣服？"

"没错"，我说。

接下来她恍然大悟，叫出一声啊哈！"所以你们才会在星期六早上把门锁起来！我还以为你们叫我们去看卡通只是对我们好！"

说实在的，我们的棉被能撑那么久，真令人啧啧称奇。小凯文和克丽西小时候，我常要他们到楼下安安静静地看任何想看的节目，并解释妈妈和爸爸真的"有话要说"。

他们走了以后，我用四道锁将门闩起来，然后和珊蒂进到棉被里。过了几分钟，小凯文和克丽西回到卧室门口。

"爸爸，爸爸，你在里面吗？我们听不到你说话的声音。你不是告诉我们你和妈有话要说吗？"

"走开"，我大吼。这种语气只有当爸爸的能用，非常有效（大吼其实是我的恩赐之一，仅次于按喇叭）。我听到几只小脚落荒而逃的声音，好像他们见到鬼似的。

可是小孩子注意力持续的时间很短。不久，克丽西和小凯文又在敲门了，时间的拿捏糟透了，肯定是他们这辈子最糟的一次。可惜这个时候我已经逍遥到九霄云外，将真实世界远远抛在云层底下，甚至连自己有没有孩子都不记得，更甭提记得他们的名字了。身为伟大的心理学家的我只好央求珊蒂："别出声，他们或许就会走开。"

珊蒂看着我，好像在说："我牺牲 13 年的时间，好让你拿到博士学位，而你想出来的法子竟然是这样？"

最后，我们听到克丽西对弟弟说："小凯文，看来你最好去拿把铁锤来。我想他们可能需要我们的帮忙。"

听到这话，我赶紧稀里哗啦地冲回地球表面。诸如此类的意

外足以解释为什么很多听众听我这样抱怨："我们的敌人个头很小，而且没有组织。"

孩子如果还小，想和太太亲热可真不容易。尽管如此，女儿还是需要一位迷恋妻子的父亲，也需要一位喜欢和丈夫卿卿我我的母亲。比如说，丈夫下班回家，走到妻子后面，想单纯地摸她一下，她却说："哈洛德，不要现在，孩子会看到。"我的回答是："让孩子看到父亲热情地抚摸母亲，母亲也渴望让父亲抚摸，是再好不过的事。"

我不会因为自己"性"致勃勃而赔罪。我认为上天创造性这玩意儿，真是赢得了大满贯。我要女儿们在婚姻的前提下享受性爱的美好，所以有责任向她们示范我对性抱持着健康而肯定的态度。

当然，这其间的分寸要拿捏好。我一些朋友的作风嫌过火了点。有一回，他们做到一半、欣喜若狂之际，竟然从床上摔下来。丈夫的手臂撞到旁边的桌子，打翻了桌灯，造成一阵骚动。两个十几岁大的孩子以为发生了什么大灾难，赶紧冲进卧室，结果惊愕万分地发现爸妈一边欢喜十足地在地板上打滚，还一边紧张兮兮地伸手抓棉被。

好玩的是，这两个孩子对父母正在做的事并不会感到不自在，当然，父母要是故意用这么明目张胆的方式来提示儿女，并不妥当，他们比较在意的是父母忘了把门锁上。

1990年，卡西·伍德（Cathi Woods）在田纳西仁郡主持一项青少年守贞计划，成果相当辉煌。她从中发现一件非常可悲的事。伍德说："很多青少年说：'我的父母没有性生活，绝不可能有。'

人数之多，令我讶异。"

伍德在这群孩子当中找到一个例外，那就是单亲家庭的孩子。"这些孩子知道父亲或母亲有性生活，因为他们亲眼目睹父亲或母亲的性伴侣在他们家过夜。"伍德做了补充说明。

一般家庭的孩子以为结了婚的父母没有性生活，单亲家庭的孩子反倒知道有，这是什么社会？在许多孩子的心目中，性几乎已经成为罪的同义字了。

"孩子们认为性是肮脏的"，伍德表示，"其实不然，只不过他们的性经验建立在错误的基础上。他们觉得性是肮脏的理由，在于女孩子在完事后觉得自己很脏，觉得被利用了。性行为活跃的年轻女性提出的意见，我最常听到下面两个：'我觉得自己好脏'以及'我觉得被利用了'。"[2]

我要向女儿示范洁净无罪的性行为。这样的性行为能激励一个女人，使她和丈夫联结成为一体。这意味着我必须不怕麻烦，使用适当的词汇和较大的孩子讨论性。

说实话

坦白和孩子沟通性的话题并根据他们的程度来谈，非常要紧。我对自己的子女会这么做，到青少年团体或学校各班级演讲时也一样。

我偏爱一场讲题为"救命啊！我的口袋里有支火箭！"的演讲。这个题目可能会吓到一些读者，不过想让年轻人听得懂，谈论这个问题时，就要放轻松点。我只是要让他们明白大部分同学的行径有多荒谬。

"告诉我，一个女孩子从你面前走过，你摸了人家的胸部，嘿，这有什么好令人高兴的？你是什么怪物，当真喜欢做这种事？人家回你一巴掌，可是很痛的噢。坦白说，如果你要让人家的胸部觉得舒服，就得知道要怎么摸。但如果没有人家的许可就伸手去摸，不够酷——这叫性骚扰。"

孩子们笑了起来。我是在营造一种气氛，向他们挑战。在他们心目中我是个已婚的"老"男人，可是我还能享受鱼水之欢，和我的妻子一起享受。我要是告诉他们："性其实没什么大不了。它被高估了。"达不到什么效果。我听过一些社会工作者真的用过这一招。孩子们只管窃笑，心想这个"老家伙"根本就是没话好对他们说，因为在他们的心目中，性就是一切。

我要说实话。性的确是很宝贵的东西，只要前提对了。

我向儿子说得很明白："凯文，你为什么不做个与众不同的人呢？不捏女孩子臀部，或是当她们从你面前走过不会大叫出你的电话号码，为什么不做这样的男生呢？看看你是不是能摆脱原始人的行径。"

这是在鞭策他长大成熟。当今这个时代，孩子需要详细地说明，所以别怕使用通俗的语言。让女孩子明白她不需要费太大的工夫就能使一位 14 岁的男生（24 岁的男人也一样）产生性亢奋。我们还得事先警告她，男生一旦性亢奋起来，会变得比她预料到的更具侵略性，而具侵略性的男孩子会不断进攻，直到人家叫他住手为止。

你在这里不能含糊其辞。我会具体说明。

"亲爱的，要晓得，你要是坐在一个男生的大腿上，就会挑起他的情欲。"

"不，你是在开玩笑吧？光是坐在他的大腿上？"

"没错，光是这样就够了。"

我还告诉女儿衣着端庄的重要性。不过，我会从正面的观点切入。"你要是问成熟的男士喜欢穿着得体的女人，还是衣衫暴露的女人，他们大都会说：'我喜欢穿着得体的女人。'"

"穿暴露的衣服不需要什么创意，穿戴整齐却要练习、要用头脑。你现在就必须开始练习。"

这么一来，我使得女儿穿衣的"乐趣"有增无减，鼓励她发挥创意增添自己的魅力，而不要厚颜无耻，穿得那么露骨。

这是带领女儿到"静水"的一个步骤。

平静的水

我生长在纽约州北部的尼亚加拉河（Niagare River）附近。这条河可是一点也不平静。河中处处是波涛滚滚的漩涡。

身处波涛滚滚的漩涡，你无法做出明智的决定，只能拼命将头保持在水面上，避免溺毙。这就是为什么好牧羊人在牧羊时会带领羊群到平静的水边，因为在这里，羊群可以省思、安歇、滋长、茁壮。

有一天，我终于想通了一点："静水"的道理说明了为什么不能让孩子到购物中心闲逛。购物中心不是一条平静的水，购物中心充满诱惑。购物中心是个波涛滚滚的诱饵，洪水一来，有些孩子就会被冲走。

吾家有女初长成，我有义务当她们的牧羊人，引领她们到静

爱女儿　爱爸爸

195

水之涯。如果一对青年男女一起观看限制级的影片之后去跳舞，开始爱抚起来，然后在停靠路边的车内逗留两个小时，我也知道他们体内的性激素会澎湃汹涌到怎样的地步。不是精神科医生也知道汽车后座的后续发展。我不会让女儿掉入那种处境。

我反倒会帮她营造另一种合宜的环境。"亲爱的，你当然可以和罗伯在一起，请他到家里来，我们大家一起来看'义勇三奇侠'！"如果她不想看录像带，我们可以玩扑克牌、去散步，还有其他好多事情可以做。只要是女儿不至于受到洪水威胁的环境，都好谈。

我猜想你们当中有人会问："李曼，你对女儿的保护是不是有点过了头？你什么时候才要让她长大？"

从前，为了教孩子电炉是热的，我并没有把他们的手移到打开的电炉上，只是教导热的观念，引导他们远离线圈。女儿年幼时，我们将电源插座堵住，以免她们受到引诱，触电身亡。现在她们已经够大，使用电和电炉时再也不会有危险。

同样的道理，我不会把女儿丢到一个充满性诱惑的环境，让她自己看着办。就算她已经 16 岁，和同年龄的男孩子打交道的时间也不过几个月。在这方面，她还是个婴儿，需要大人的保护。要教女儿了解性欲是怎么一回事，我不必让她和一位性饥渴的青少年独自坐在车子内，然后把衬衫脱掉。不必让她陷入这种处境。

当然，等 16 岁的孩子长大，到了 19 岁、21 岁时，事情会有重大的转变。我的大女儿和二女儿成年以后，交往的对象都令珊蒂和我感到不安。当 24 岁大的女儿爱上某个年轻人，你要怎么办？你可以给她建议，但这个年纪的孩子已经够大了，可以自行决定终身大事了。隔离，甚至监督 24 岁的女儿约会时的行为诚然不妥，不过，把 16 岁的女孩当成 24 岁的女人看待，也一样不妥。

幸好，我们的大女儿和二女儿现在都做了令我们满意的选择。我想她们过去处在静水之涯，有充裕的时间学习如何自行做出明智的决定。

男士们，我在这一点上并不算固执。婚前性行为的统计资料很吓人。如果你有一个以上的女儿，很可能至少一个女儿在婚前就有丰富的性经验，而且还可能搞到大肚子。如果你坐视不管，光是巴望不会出事，结果很可能是每个女儿的婚前性行为都很活跃。

只要和卡西·伍德或其他危机怀孕中心的主任谈谈，就知道这些年轻女性大都懊悔不已。她们大多和伍德一样，会说："如果只准许我许一个心愿，那个心愿就是保持童贞到结婚那天。"

别让女儿在轻忽、懊悔之后才得到教训。这种痛苦太剧烈了。此外，女儿的性行为如果活跃，将可能染患性病、心碎、婚后性生活亮起红灯等问题。如果在这方面不好好认真教育女儿，就会冒很大风险。

相反的，一位关心女儿、肯定女儿、心胸开阔的父亲，会带领女儿避开复杂的男女关系。他的三四个女儿，全都可以守身如玉直到新婚之夜。但这样的殊荣不会凭空而降。爸爸必须积极参与女儿的生活才行。

他还必须忠实于自己的妻子，示范贞洁的美德。

爱女儿
爱爸爸

复杂的男女关系

凯莉才 14 岁大时，她母亲得知她在一个男孩子的录音机上留下以下的信息："让我们上床吧！"真的吓坏了。她质问凯莉，凯莉毫无悔意，反而坚持自己决意在一年内失去童贞。"我现在就要做。"她告诉《亚利桑那州共和报》（*Arizona Republic*）的记者艾美·巴哈（Amy Bach）。[3]

玛莉莲·麦克文（Marylyn McEwen）在亚利桑那大学教公共卫生暨护理。好几年前，她发现 14 岁儿子牛仔裤的口袋内有封信，读了以后吓她一大跳。写信的女孩在发牢骚，原因是虽然她和麦克文的儿子"已经约会二三个礼拜，却还没上过床。"

现在年轻女孩的男女关系已经变得很复杂，所以安·兰德丝（Ann Landers）才会收到像这样的信："从前母亲会警告女儿要小心好色的男生，但今天需要受到保护的却是男生。"

健康教育暨性教育教师利勒·凯立（Lyle Kelly）告诉《亚利桑那州共和报》，有少女经常向他坦承并不喜欢做爱，她们是为了安慰自己的情绪才这么做的。[4]这种情绪的安慰如果来自于和她们住在一起而且关心她们的父亲，女儿就不需要外求，向一位欲火攻心的男孩子投怀送抱。

莉莎·加巴蒂博士（Dr. Lisa Gabardi）的研究证实了这一点。她比较离异家庭和完整家庭的大学生性行为的差异。她的结论并不令人惊讶。前者的性伴侣比后者多，而如果有固定的对象，对性爱的饥渴也比后者强烈。事实上，父母之间的冲突是预测性伴侣人数的重要指标。[4]

也就是说，父母长相厮守很重要，学习和睦相处、相亲相爱也很重要，不但要避免实质的离婚，也要避免貌合神离。

就算有唠叨之嫌，我还是要不厌其烦地再说一遍：爸爸的首要任务，就是提供一个父母亲双双出席的安全环境。如果你能做到这一点，其他许多问题就能应付自如；如果没有做到这一点，在女儿的下半辈子，你将有一场硬仗要打。

注释

[1]　温蒂·雪莉，《回归端庄：探索消逝的美德》（New York：Free Press，1999 年）。

[2]　Gary Thomas，"Where True Love Waits，"《今日基督教》，1999 年 3 月 1 日。

[3]　艾美·巴哈，"Cirls Becoming Sexually Active at Younger Age，"Arizona Daily Star，1991 年 12 月 31 日。

[4]　同上。

[5]　莉莎·加卡蒂，"Difference Between College Students from Divorced and Intact Families：Intimate Relationships，"克罗拉多州立大学博士论文，1990 年。

第十三章 吾家有女初长成

爱女儿

爱爸爸

第十四章　岳父大人

　　我从来没有料到会有这种事。珊蒂看出了一点眉目，我却毫不知情。

　　那是 1998 年 10 月中旬。我正在观看亚利桑那大学足球队迎战华盛顿爱斯基摩人队的比赛。

　　上半场结束时亚利桑那队领先，我看了心情大好。显然，向克丽西求婚的那位男士丹尼斯·欧雷利注意到了，心想这是告诉我，他要把我的女儿带走的好时机。

　　是带走一辈子。

　　我走进厨房时，丹尼斯出其不意地拦住了我，问到："可不可以和您谈一谈？"

　　从他说话的语气，我大概猜得出他要谈什么。既不是要问我工作进行得怎么样，也不是想和我讨论新上市的别克汽车有哪几点优于新上市的福特汽车。丹尼斯要谈的事严肃得多，而他和我就只有一件严肃的事好谈，那就是克丽西。

　　突然，李曼家的女儿们通通回避，好像有人刚宣布这里有瘟

200

疫似的。我还没有迟钝到那个程度。我知道事情并不单纯。

"当然可以啊"，我说。

他单刀直入。

"我想娶克丽西为妻。"

一抹笑意慢慢掠过我的脸。"你可知道"，我说："我可以刁难你，也可以……爽快地答应你。"

我看到他倒抽一回气，动作之大，足以咽下一个庞然大物。

"我当然希望您能答应我啰。"

我看得出女儿们正在隔壁的房间，隔着门偷听。我要是迅速将门打开，她们会通通跌进厨房里。这可是我这辈子有过的"密谈"中最公开的一次。

我决定答应他，欢迎丹尼斯成为我们家的一员。我给他一个热烈的拥抱。

接着，女儿们都回到厨房，假装不知道发生了什么事。

看着女儿结婚会遇到一个难题：当爸爸的往往会想起自己结婚的时候是多么无知，而当他明白女儿现在俨然成为无知的受害者，准会吓死。

我向珊蒂求婚的时候做错很多事，我们最后能结为夫妻可真是奇迹。首先，从来没有人告诉我得带她到一家高级餐厅向她求婚。我带她到父母家后面那块田地。

接下来，我帮她戴戒指的时候戴错了手。

当我们来到市政府，我告诉珊蒂，根据李曼家的传统，结婚证书应由女方付钱。

"哦，真有意思"，她说。"我当然不想打破李曼家的传统。"

爱女儿 爱爸爸

等她付了五块钱以后，我才承认这个传统刚由她创始。

我坦承当时自己满脑子只想到进行中的事，想到这位年轻貌美的女郎愿意一辈子和圆圆滚滚的李曼住在同一个屋檐下，就兴高采烈，以至于从来没有想到她父亲会怎么想。当时大概以为他会喜出望外吧，不过，现在轮到自己当岳父，总算明白她老爸当时在想什么：有个陌生人要把我的女儿带走！

保护女儿是父亲的天性。我把嫁女儿看成人生一个章节的结束，不过珊蒂坚决的主张正好相反：一本崭新的书本正向女儿展开。

"想想看吧"，珊蒂说起大话，"他们将会邀请我们过去吃晚饭，我再也不用常常做饭了！"

"是啊，可是克丽西会做饭吗？"

"唔，不会，不过我会教她。"

想到克丽西做饭给女婿吃，我开始紧张起来。把早餐吃的玉米片倒到碗里这种小事她还会，不过要她做任何得用到烤箱的东西，我就不太有信心了。

幸好她选对了丈夫。丹尼斯在告别单身汉的派对上，点了一份色拉，服务生问他上面要浇哪种酱。我看了这一幕，觉得很有趣。

"啊，什么都来一点吧。"他说。

如果那就是他的吃法（把法式色拉酱、意式色拉酱、千岛酱通通混在一起）那么，不论克丽西端什么到他面前，对他来说都好。

克丽西告诉我她婚后做的第一顿饭"顺利过关"。她做了一道鸡肉饭，然后想到竟然有人会吃她做的菜，不禁咯咯笑。

克丽西突然开始对食谱产生兴趣。我听到她问珊蒂："剁碎是什么意思啊？混合和搅拌有什么不同呢？"

对这件事，我的态度是：放手让她去做吧。她将会烧得一手好菜，就和她妈妈一样。

当一位年轻人想娶你女儿为妻，你身为父亲的责任已大致告一段落。到了那个时候，原先湿而未干的水泥将会凝固成形，留下无可磨灭的印记。

责任已了

你的女儿信任别人的能力，对肌肤之亲所抱持的态度，以及整体的印记已经确立。到了这个时候，你能做的已相当有限。我知道要你放手有违你的男人本色，不过，比起这时候才突然想纠正女儿或女婿做错的每件事，放手还是高明许多。当父亲的务必要了解到，忽略了女儿25年所造成的问题，不可能在短短的6个月内矫正过来。你要是硬要去矫正，只会使问题更加恶化。

好岳父的特色之一，在于有所不为。多做可能比少做更危险，这句话用来说明岳父大人的角色，比用来说明父亲大人在各方面的职责，更加贴切。

当岳父当不了多久，我就学会了在小两口争吵时，不要偏袒任何一方。珊蒂和我熟记这句话："我有把握你们会处理这种事，我有把握你们会解决问题。"

孩子们斗嘴时，我们经常说这句话，也打算当他们小两口发生口角时继续说下去。这句话妙就妙在达到双重目的，一来不卷

入他们的争论，二来对他们有所期许："你们总会设法解决的。"这句话表示我们对他们的夫妻关系有信心。

我们能做的其中一件事，就是帮助女婿对女儿更加了解。丹尼斯告别单身汉的晚宴上，包括我在内的一些人给了他一些建议。我提醒丹尼斯，克丽西渴望高质量的闲暇，丹尼斯必须愿意抽出那样的时间陪她。

我有很多话要说，但我故意不说。我已下定决心不要窥探他们的事。他们要是买一辆新车，我不必知道他们是不是有贷款。那个"陌生人"需要享有当一家之主的自由，而他最不需要的，就是岳父大人对他小心提防，准备看他犯错出丑。

一位电台听众给了我这样的建议："除非他们问你，否则就闭嘴！"这是我所听过有关怎样当个岳父大人最好的建议。珊蒂和我许下承诺，要好好遵守那位听众的建议。当个好岳父的其中一个条件，就是别管人家的事！

这适用于生活的各个层面，也适用于假期。当了岳父以后，我再也不能认定孩子会参加传统的家庭聚会。克丽西和丹尼斯结婚以后，我随口问女婿："复活节那天你们俩或许有别的计划，不过你们愿意和我们一起用午餐吗？"

"我们很乐意"，丹尼斯说。

不过，这可是我这辈子第一次有询问的必要。请注意，我问的是丹尼斯，不是克丽西。而且我承认一个事实：他们迟早将会发展出他们自己的传统和仪式。他们已结为夫妻。要不了多久，我可能就会听到："我们很想去，但很抱歉，我们已有其他计划。"

事实上，未来我还可能得叫他们不要来参加我们的家庭聚会。

他们不来我们家，我们去他们家。过去几年来，我教导夫妻建立自己的传统的重要。其他孩子如此，我自己的孩子也是如此。我知道我们正迈向一个新纪元。

一个新纪元

丹尼斯未来必须克服的一个障碍，就是他新加入的家庭的高度透明化，因为我在许多书中记录了其成员的成长过程，在全国无数的演讲中提到他们的故事。除了现在住在白宫的那些人，全美国大概没有其他家庭比这个家庭更公开的了！

丹尼斯和克丽西婚后几个礼拜，一位作家问丹尼斯，有凯文·李曼博士这种人当岳父是什么滋味。他的回答很有意思。

"从头到尾我都感到他非常信任我，这令我很感激。他对我还不是很了解，但是他似乎很信任我，这对我来说有重大的意义。他的确相信我会善待他的女儿。"

听到这话，我非常高兴，因为那正是我想传达的信息。

从当父亲到当岳父所做的转变或许并不容易，却还是得做，也会有所回报。一位朋友提醒我，当岳父最棒的事就是：我们家下次怀孕的女人再也不会是珊蒂！

爱女儿
爱爸爸

后记

长得不得了的地毯

1999 年 3 月 27 日：就在克丽西·李曼改名换姓为克丽丝汀·李曼·欧雷利的同时，可丽舒纸巾在亚利桑那州土桑一地突然供不应求。

结婚这件事，在订婚后不久，女儿提到蜜月那一刻陷入低潮。

"蜜月？"我说，"等一等。我答应你们结婚的事。但蜜月是什么玩意儿？你的意思是说你们真的打算一起远走高飞？"

孩子们很会拿这事开玩笑。"谈谈结婚的事，让爸爸哭一哭！"他们爱这么说。

婚礼前好几个礼拜，女儿在选择结婚进行曲时听了各式各样的音乐。她最后选了一首名为《小号自由调》（*Trumpet Voluntary*）的小号曲。我听了这首曲子两小节就跟不上了。

李曼家开始使用一个新词汇：撤退。

克丽西让我看结婚请帖。我叫了起来。

"撤退，"我解释。

"撤退，"克丽西重复我的话，摇摇头。

过了两个礼拜："爸，你觉得这件礼服怎么样？"

我突然变得泪眼模糊。

"撤退？"克丽西问。

"是的，撤退"，我边痛哭边承认。

"爸，你会没事吧？"克丽西再度问我。

"亲爱的，"我说，"我只有一个目标：走到地毯的那一端。这以后，你就管你自个儿的事吧，这世间的任何事，我再也不管。"

过去的经验并不能激励我。回想克丽西高中毕业时，校长认为请我在毕业典礼上致词是个好点子。"是啊，李曼博士就在镇上，他女儿今年毕业。他应该是向毕业生演讲的最佳人选吧！"

那不过证明了今天的校长们对我的了解，比 40 年前不断勒令我休学的那些校长好不到哪里去。

首先，我必须做这辈子大概只做过三次的事——打领带。然后开始一场 15 分钟的演说（没有任何毕业生会希望毕业典礼的演说超过 15 分钟）。讲了大约 7 分钟以后，我提到一点："我们齐聚一堂，并不是为了庆祝你们的成就，而是为了恭贺你们的人生……"

这是我所吐出的最后几个字。我把演讲词给忘了。我花了三四十秒钟的时间（面对一大群人，这可是相当长的一段时间）力求镇静，并将啜泣声压抑到人家可以容忍的程度，最后，我挥挥手，做出"演讲完毕"的手势。

只要我有一口气在，绝对不会再听高中校长的话。

后记　长得不得了的地毯

爱女儿　爱爸爸

婚礼那个礼拜

基于很好的理由，克丽西对我执行一项简单的任务的能力十分操心，陪她走到 30 米长两旁撒满玫瑰的地毯那一端，于是开始和我在家里练习。我突然变成软脚虾，走起路来像个中风病患者。克丽西得一路拖着我走，有时候甚至还得把我扶稳。

这造成一些想当然的问题。克丽西是个非常苗条的年轻女性，而我早在多年前就和磅秤说拜拜了。

"你有没有考虑过使用附于摩托车旁的边车？"我问她："或是轮椅啊？或许你可以直接把我推到终点。"

"爸爸"，克丽西抱怨到，"你如果能学会抬头挺胸，把这件事做好，我会感激不尽的。"

克丽西当然会担心她的老爸会在她这一生最重要的日子出丑，于是自行用起一招心理战术。

"好吧，爸"，一天晚上她说，"今晚我们要让你变迟钝。"

"让我变迟钝？你在说什么？"

她拿出一卷录像带："新娘的父亲"。"开始看这卷吧。"

"新娘的父亲"是史蒂夫·马丁主演的一部喜剧，叙述一个男人经历女儿婚礼的种种难关，终于还是捱过去了。我以前就看过这部片子，哭得两眼红肿。实在不想再看一遍。

"我不知道……"我说。

"爸"，克丽西不容我拒绝，"看！"

我记得几个刻骨铭心的情节，好比史蒂夫·马丁发现筹备婚礼的人决定将他终生储蓄的 80％ 转移到自己的银行账户。先前我已被知会，人家每吃一片蛋糕，我就要支付一块半。

"一块半?"我问珊蒂。"你的意思要是一个胖嘟嘟的 10 岁男孩想吃 6 片蛋糕，我的 9 块钱就飞了? 这就是你的意思吗?""克丽西只结一次婚。"珊蒂告诉我。

"我会去拿一把昏眩枪，"我威胁到，"谁要是靠近蛋糕，我就呼一声!"

在克丽西的监视下，我拿了那卷录像带放到录像机里面，片头才刚出现，我就看不懂了。

"大撤退!"我激动地吐出这几个字。

"我还以为我们会摆脱这几个字。"克丽西·李曼"医生"作了以下的诊断："你比我想的还糟。"

我常看一部熟悉得多、也令人欣慰得多的片子。你们现在已经知道。"义勇三奇侠"我已经看过无数次，所有的台词都可以倒背如流了。我和荷莉、克丽西、小凯文、涵娜、萝仁经历数不清的小时，一边跟着史蒂夫·马丁（Steve Martin）、且维·切斯（Chevy Chase）、马丁·休特（Martin Short）三位演员一起开怀大笑，一边忍受珊蒂在一旁发出不可置信的啧啧声。

片子一开始有这么一幕：强盗厄尔瓜伯对圣伯可的居民很不高兴。他大吼："圣伯可的居民，你们不再受我的庇护。"

我决定善用我和克丽西对这部影片共有的回忆，作为她的结婚礼物。我取下一幅挂在冰箱上约有 10 年的漫画。这幅画描绘一对父母走在十几岁大的男孩后面，用 2 米长的皮链将男孩拴住，男孩抱怨到："我只要求再多一点自由。"

这幅漫画已经有点磨损，不过状况还算良好，仍然派得上用

场。从冰箱取下这幅画令人难过。我将漫画放在盒子里，里头放了一张字条，上头写着："克丽西，圣伯可的居民，你不再受我的庇护……但你泥中永远有我，我泥中永远有你。挚爱你的爸爸。"

克丽西随后趁我不注意，回我一份礼：由鲍伯·卡里瑟和布鲁克·卡里瑟这对父女合著的书。我在前面已经引用过这本小书，《蝴蝶之吻》。

克丽西在扉页题了这样的字：

> 爸，只因为我即将结婚并不表示我不再需要爸爸。我一直觉得和你很亲近。我深爱你！请记得我永远是你的小女儿，永远！谢谢你所有的爱和引导。我之所以成为今天的我，是你造成的。我爱你！
>
> 克丽西
> （你的最爱！）

婚礼前一周，"父母开讲"的工作人员制作了一个长达一个礼拜的特别节目，"帮凯文度过这个婚礼"。史蒂夫·阿特伯（Steve Argerburn）、盖瑞·史摩利（Gary Smalley）、詹姆士·杜布森博士（Dr. Jim Dobson）、杰·帕萨凡博士（Dr. Jay Passavant）、恰克·伯塞利诺与珍妮·伯塞利诺夫妇（Chuck and Jenni Borselino）等好友相继参与进来，说了一些鼓舞人心的话，令我深受感动。真正令我心酸的，是最后一通电话。那是克丽西打来的，这通电话讲完，节目也告结束。

一流的撤退

珊蒂在节目中说，她必须警告我一件事。"你得在婚礼前看看她写了什么，真的会让你心酸。"她说到。

克丽西和丹尼斯按惯例在结婚公告写下感谢的话，不过在底下两个人都加了个人的短信。丹尼斯写给他母亲，克丽西写了下面的信给我：

"给爸爸……从孩提时代蹒跚学步到陪我走上红地毯，你总是牵着我的手，总是深得我心。我爱你。"

颠覆的排练

终于到了举行婚礼那个周末。日子一天天过去，我也越来越能认同史蒂夫·马丁在"新娘的父亲"一片中的角色。我开支票开到手抽筋，气得想让每个人知道，连看到一只天鹅在我家四周徘徊，也会当场开枪把它打死。

说句公道话，身为新娘的母亲，珊蒂对开销的控制算是相当成功的了，可是她偷订了一个精巧的冰雕，截至写这段文字时，我还没有收到账单。不过除了这个以外，她还算节制。

排练由两位牧师主持：约翰·亚克（John Aker，原为修士，也是一位很好的老师，我曾听过他的课，聪颖过人，热爱典礼和象征），以及戴维·罗德（Dave Rhodes，除了担任牧师，也是克丽西和丹尼斯一起就读的学校校长）。

他们告诉我们该走到哪、该怎么办。这些事对大部分的人来说都是稀松平常的，可惜对爱哭的"小子"却不然。克丽西和我

爱女儿

爱爸爸

211

必须努力练习走到地毯的另一端。在教堂里面！

"加油，爸，你一定做得到！"克丽西说："小事一桩嘛！"

第一次练习的时候没放音乐。约翰纠正我的失误。"不对，李曼博士，要先踏出左脚……是，是，那就对了，紧跟在克丽西旁边。"

下次练习的时候，他们加上音乐。与其这么做，倒不如拿一打箭射向我，好逼我站直。

当花童的老幺萝仁首先步上地毯；当伴娘的涵娜，第一个让我们"意外"的孩子，紧跟在后；小凯文当伴郎，站在礼堂前头；我们的老大荷莉当首席伴娘，等她步上地毯，就轮到我和新娘。

我的人生所重视、珍惜、宝贝的一切，都在那座教堂里面。上帝借着他的爱和恩典向我彰显他的存在。如果他现身在我眼前，我也不会讶异。

还有我结缡32年的妻子（32年从未间断，这才是重点）珊蒂，和平日一样容光焕发。有这样的妻子，夫复何求？

我在前几天做了一个标语，上"父母开讲"这个节目时，不停地看。只要一想到婚礼我的情绪就激动起来，于是我写下："我没问题，我很勇敢。"每当我不知所措，就拿出那张纸条，看着上面的字。

克丽西紧抓着我的二头肌，暗示我幻想的时间已过。轮到我了。小号无情地敲击我的心头，我迈开脚步。

这只是练习，李曼，你做得到，我不断告诉自己。但我这一辈子从没有觉得这么软弱过。

我突然抬起头来看着前方，不禁笑了起来。亲友们早已有所准备。他们通通举起大海报，上头写着："你没问题，你很勇敢。"

过去我一直是家人的支柱。孩子害怕的时候会来找我。"毛茸茸的哈奇"这个游戏之所以玩得起来，是因为他们知道那个可怕的人，其实是他们的爸爸，而爸爸绝不会让任何人伤害他们。

但现在，这些孩子都在扶持我，连6岁的萝仁也不例外。这是一场"颠覆的排练"。我突然明白家人是我的支柱，而这种软弱、坚强交错的感觉，是我所经历过的所有情绪当中，最触动我的心弦也是最刻骨铭心的。我当下立刻明白一点：对一个男人来说，人生中没有任何东西（绝对没有任何东西）比将时间花在家人身上，然后以这样的方式得到回报更有意义。

褒扬

排练之后，我们到外面用晚餐，再回到家里吃甜点。我站起来说话："现在，每个人对克丽西和丹尼斯说任何想说的话。这可是他们单身的最后一天哦。"

大家说了不少感人的话，不过最精彩的两段出自姐弟的口中。荷莉大声说出十分感人的赞美词。她从妹妹一生下来就引导她。我们有数不清荷莉一手搂着克丽西的照片（我到现在还不确定那是因为她非常关心妹妹，还是因为她要确定两件事，第一，自己支配妹妹的生活；第二，克丽西留在原地，不要乱跑！）看到两个女儿彼此这么关爱，看到二女儿愿意请姐姐当首席伴娘，真是让当父亲的我感到很欣慰。

丹尼斯的弟弟保罗也献上一段非常精彩的赞美词。男人会不断品评未来的女婿，这是理所当然也是无可避免的。没有办法呀！

213

爱女儿 爱爸爸

女儿对你的意义是如此重大，实在很难相信还有什么人能把她照顾得像你这么好、这么透彻。

品评女婿并不容易。你可以直视这个年轻人。你可以衡量他靠什么吃饭。你可以注意听他说话，小心探测他的价值观、信仰、教养。不过，有时候听他的手足谈话，可以得到别处无法得到的线索，洞悉他的内心世界。

保罗一开口就激动得差点说不出话来。"我不晓得你们当中有多少人知道这件事"，他说，"家父去世以后，丹尼斯为了抚养家人，休学到一家工厂工作了4年。"

看到保罗由于尊重和感激而流下诚挚的泪水，我的内心觉得很温暖。克丽西会好好的，我这么告诉自己。

结婚当天

婚礼当天清晨，我睡到一半醒来，看着电子钟，上头的数字是5点16分。啊，那正是克丽西的生日（5月16日）！我开始哭泣，再也睡不着。

婚礼订于下午4点举行，我们得在2点抵达教堂。我穿上一套传统的黑色无尾礼服加上小背心，和伴郎一样。当我发现礼服长短适中，松了一口气。还有一件令人宽心的事，那就是小凯文知道怎么扣扣子、打领带、夹扣环，以及其他正式穿着令人头昏脑涨的种种规矩。不管他从哪里学到这些玩意儿，反正不是跟我学的。

穿好礼服后，我走进教堂内的图书馆，这里已改装成新娘的化妆室。这是我第一次看到克丽西穿上新娘礼服，不是我在吹牛，我的女儿真是明艳动人。小女孩长大含苞待放，已是个不折不扣的女人，和我记忆中那个小不点大不相同，我简直看呆了。她浑身散发出成熟女人的那股韵味。

等到整个婚礼准备就绪，约翰牧师下令大家走出教堂。克丽西和丹尼斯直到现在还没有看到彼此，约翰想让这一刻显得很特别。他将观众席上的灯光调暗。教堂如果有罗曼蒂克的可能，此刻这间教堂便是。接着约翰告诉丹尼斯站到前头，并叫克丽西走进门内。

克丽西慢慢走向新郎官，约翰这时悄悄地溜到外面带领双方家长回到礼堂内，让我们可以看到这一幕。这是丹尼斯第一次看到克丽西，他美丽的新娘、我的女儿，穿上新娘礼服，他含情脉脉，新郎有这个权利。

这是甜蜜而感人的一刻。10分钟后，我需要吸点新鲜空气，于是再度走到外面。我折回教堂的图书馆，不久克丽西也进来。

"我已经开始想念你了。"她说。我知道女儿的爱有多深。

婚礼

终于，婚礼的司仪要我们排排站。好戏就要登场。

铺着地毯的走道现在看来起码有10里长。当我正准备踏上去时，不经意碰到手指上的一枚戒指。这是克丽西在多年前给我的。她送给前任男友一枚戒指，两人吹了以后，前任男友将戒指还她。她不能出售这枚戒指，于是转送给我。

"我要你戴着它"，克丽西告诉我。我从来没有看过孩子的眼睛流露出这么清澈的爱，"因为我知道你会永远爱我。"

后记 长得不得了的地毯

爱女儿

爱爸爸

她不必向我解释她的伤痛，不必让我看她的疮疤。年轻人谈恋爱时，经常碰壁，也可能造成重创，不像我们经验老到的成年人，对爱情可以淡然处之。克丽西将我当成避难所，向我求助。年轻人说走就走，但爸爸会永远爱她。

不过，现在有另一个年轻人正在发誓会永远爱她。他不会说走就走。他承诺会一辈子爱我的女儿，直到去世。克丽西的的确确得离开我，与丹尼斯联合。我们圣诞夜的传统（李曼家一年一度的大事：全家人齐聚在家庭娱乐室打地铺，睡在睡袋内，以便第二天一大清早一起起床，向圣诞礼物进攻），将被这对新人自己建立的传统取代。我再也不能认定克丽西可以自由自在地参加我们的家庭娱乐活动。

我抚摸手上的戒指，迅速地偷瞄了女儿质朴无华的手一眼。新郎官手持着她的戒指，一个念头急遽闪过我的脑海：或许我再也看不到女儿光秃秃的手了。记得她还在襁褓中，是个爱哭的小娃娃时，我会将一个手指头放在她的掌心中，她会用五指将我的手指团团围住。她的手指是那么的小巧、那么的柔弱。

而现在，克丽西有一双女人的手。她即将戴上一枚女人的戒指。

当你的世界正在大翻转的时候，你满脑子尽是一些古怪的想法。

教堂内座无虚席。当克丽西为伴娘前进时所选的音乐"D大调卡农曲"响起，我的心脏开始扑通扑通作响。

萝仁向前迈进，穿上礼服的她可爱得令人难以置信，规律地沿着地毯两旁撒下玫瑰花瓣。涵娜和另一位伴娘走在后面，最后，是担任首席伴娘的荷莉。等到荷莉站定后，"D大调卡农曲"停止演奏，换上"小号自由调"。

我这么提示自己。

一步一步来。那就是我的走法。这辈子我还没这么紧张过。我对成千上万的听众演讲过，在好几百万人前面演出过现场直播的电台和电视节目。而现在，我预定要走30米长的路，说8个字，然后坐下来。但这项任务突然变得艰巨无比。

理由其实很简单。没有任何事比土桑这座教堂内正在进行的事更重要。对一个男人来说，没有什么事比嫁女儿更重要。这是我这辈子所做的所有事情中，最重要的一件。

过了大约有一世纪那么长的时间，克丽西和我双双站在教堂前头。我不知怎么的竟然做到了。约翰牧师开口说话："亲爱的弟兄姐妹，我们在此举行……"

最后，他问到："谁负责将这位女士交给丹尼斯，由他好好照顾与疼爱？"

照理，我应当说："是我们，她母亲和我"这八个字，但这种事一生仅此一回，我还没准备好这样回答。

"等一等，约翰牧师。"我说。我转过头使用麦克风，好让每个人都听得到我说话。

我模仿"义勇三奇侠"片中的语调（克丽西一定听得出来）说："对——不起。亲爱的，请在这里等等；我马上回来。"

大多数的观礼者知道这是我最爱说的一句俏皮话，所以知道重要的事即将登场。

我向前进，把位置调整到看得到丹尼斯和克丽西两人，然后

爱女儿

爱爸爸

217

对新郎官说："丹尼斯，我爱克丽西已经爱了 25 年，我不能想像有任何男人能和我一样地爱她，不过我知道你爱你的家人，也爱克丽西。丹尼斯，我们将女儿当成上帝所赐的一项特别礼物来抚养她，我们把她当成宝贝。在我将她交给你以前，我必须确认你会将她当成上帝所赐的最特别的礼物而收下。你会这么做吗？"

丹尼斯屏住气息，说了句："我会的。"

我面带微笑，说："正确答案，丹尼斯。"

有些人或许会奇怪我为什么不私下盘问丹尼斯。因为我过去从来没有跟他说过这些话；他向克丽西求婚的时候，我只是献上祝福。不过更重要的理由是：因为我是当众将宝贝女儿，我花了25 年辛勤养大的宝贝女儿交给他，所以丹尼斯也应该当众答应我会好好待她。

处理完这件事后，我回到原位，手臂和克丽西的手臂紧紧相扣，然后说："约翰牧师，您最好再问我一次那个问题。"

"谁负责将这位女士交给丹尼斯，由他好好照顾与疼爱？"

"是我们，她母亲和我。期待我们的克丽西和我们的丹尼斯婚姻幸福美满。"

我在这个时候亲吻克丽西，后退，将女儿交出去。

"唷，"约翰牧师说，"我还以为他永远也不会坐下来呢！"

我一坐定，就开始饮泣。那个下午有美好的事诞生，我并不怀疑这一点。不过也有事情正在消逝。我悲喜交集。

珊蒂从旁边轻拍我的肩膀，我母亲从后面抚慰我。

45 分钟后，约翰牧师将新人介绍给大家："丹尼斯·欧雷利伉俪。"

最后一支舞

　　喜筵包括由新郎、新娘开舞的一场舞会，他们跳完以后就轮到我和新娘跳。克丽西为我们那支舞所选的配乐，是艾美·葛兰特唱红的歌曲"父亲的眼睛"。这首歌对我们特别富有意义，因为大家总是说克丽西遗传到我的长睫毛和琥珀色的眼睛。

　　对我来说，这是整个婚礼当中最温馨的一刻。将成熟美丽的女儿抱在怀中是我在那一刻唯一想做的事。对一大群人演讲、写书，甚至观看四强决赛都相形见绌。

　　跳舞时，克丽西和我一会儿哭，一会儿笑。"嘿，克丽西，这些眼泪是高兴的眼泪，因为我是那么爱你。我们总是一起度过特别的时光，不是吗？你是个多么好的女儿。有你这样的女儿，我已心满意足。"

　　"而我永远是你的小女儿。"她回答。

　　我将她紧抱在怀里，悄悄地说祝她有个美满的婚姻，愿她和丹尼斯对彼此越来越了解，并双双以感恩的心和满怀的信心来分担人生的高低起伏。

　　那一刻发生了一件事。自从克丽西宣布要订婚，我就逐步放手，不过直到这一支舞跳完，放手的任务才算完成。我记得第一次将克丽西交给保姆带的情形；过了几年，我们让她在学校待上一整天；再下来，有几次她在外婆家或朋友家过夜；接着是长达一个礼拜的露营；然后是上大学时背井离乡。每离开我一次，她对我的依赖就更少，直到完全脱离我的照顾。

　　我紧抱着克丽西。直到音乐停下来，我张开双臂放她走。几

爱女儿

爱爸爸

个小时以后，珊蒂和我一起离开这个乡村俱乐部，我们是最后离开的。我当时并不太清楚克丽西和我的关系还没有结束，不全然结束。

我要回家

荷莉和克丽西在土桑长大。当她们还很小的时候，嗯，小到还穿着连脚也一起包起来的睡衣裤跑来跑去的时候，我的父母住在我们家以南只有 4 里远的地方。女儿经常在他们那儿过夜，不是一个就是两个都去。每当父母顺路来看我们，珊蒂和我一定会听到这样的问话："今晚能不能和祖母一起睡？"

我们通常会说好，不过如果去的是克丽西，会有一套老规矩。我会开车送她和荷莉到母亲家，确定她们带了被子和填充玩具动物，和她们拥吻，再开车离开。

一开进我们自家的车道，我就听到电话铃响。

"喂？"我接听。

电话另一头传来幼小的孩子微弱的声音，是克丽西。她吵着："我要回家。"

打来的总是克丽西，荷莉从来没有打过。还记得她不想上大学那一次吧？那是我的二女儿。她对新环境的适应力很差。

因此，当我们的电话在婚礼当天晚上 11 点 45 分响起来，我猜想自己不应该太讶异，但其实我还是很讶异。

我拿起听筒，听到电话另一头传来克丽西的声音，简直不敢相信自己的耳朵。这已不再是幼小的孩子那种细声细气的声音，她的声调有着天生有副好歌喉的成熟女性那种圆润。克丽西是从她和丹尼斯共度初夜的休闲胜地打来的。

"爸，上床以前，我想说非常谢谢你。谢谢你为婚礼的付出，还有谢谢你所做的一切，今天才会那么棒。"

丹尼斯随即接过话筒："爸，我只是想让你知道，打这通电话不是我的主意。"

要相信他的话并不难。

结束这通电话以后，我回到床上，深深地舒了一口气，感到十分满足。克丽西不想回家，她已经找到一个新的家。

结局

我们全家在礼拜天下午一点一起用午餐，庆贺他们结婚，克丽西和丹尼斯打开礼物。当天晚上回到他们自己的家过夜。

礼拜一，他们要去机场，问我能不能载他们去。

"哦，不能，"我说，"我确定有一个会议或什么的。"

不行！

我很乐意载他们去。我记起克丽西一离家就觉得不安，于是将丹尼斯拉到一旁，说："丹尼斯，喏，把这个号码放在你后面的口袋。"

"这是什么？"

"这是我们家免付费的电话号码。克丽西今天晚上或许不会说：'我要打电话给家人，'但明天可能就会说了。打这个号码可以帮你省点钱。在旅馆打长途电话会被敲竹杠。"

"啊，对了，别让她知道我给你这个号码，好吗？"

"我懂了，爸。"

我开车送他们到机场，到了离航厦 5 分钟车程的地方，我决定把车子停靠在路边。

"我可以为你们祈祷吗?"

我向他们解释说，我这辈子所做过最明智的一件事，就是珊蒂和我婚后不久离开土桑时（我们开一辆 1960 年的老爷车，从土桑到圣地亚哥这一段旅程就用掉 45 夸特的汽油），祈求上天祝福我们的婚姻。

他们很爽快地答应，我们于是手牵着手。我一如往常，诚心诚意地祷告："恳求你让克丽西和丹尼斯靠近，帮助他们彼此有深刻的了解，祝福他们的生活，赐给他们丰硕美好的婚姻。"

时光好像前进了好几年，我似乎看到了未来。"克丽西，有一天你将开车载着小梅蒂生（啊，这是你那个还没出世的孩子的昵称）到机场。你可以告诉小梅蒂生和她的丈夫，李曼家有个传统，那就是把车子停靠在路边祷告，祈求上帝祝福你们的婚姻。"

几分钟后我们来到机场。我帮丹尼斯拿行李，分别给这两个孩子一个拥抱，然后再次告诉丹尼斯要好好照顾我的女儿。我曾经想到要给他一些钱，这是轻而易举的事，不过最后还是打消这个念头。

那天晚上，正如我所预料的，克丽西告诉丹尼斯她想打电话给家人。

"亲爱的，让我帮你拨电话号码。"他说。

是珊蒂接的电话。克丽西愉快地和妈妈打了简短的招呼以后，问道："爸爸在吗?"

她这么快就要和我讲话，我当然很感动。接线生如果想窃听，根本听不到什么高深莫测的内容。克丽西不过是想再次向我道谢，告诉我她平安无事，同时夸奖丹尼斯。

"我们抵达时房间还没准备好，"她说，"我们等了很久，他们才把我们塞进一个有两张单人床的小房间。"

"起初，丹尼斯说：'起码我们有个房间，我们可以将就一点。'可是我告诉他：'亲爱的，空间太小，我已经快要窒息了。'"

"爸，丹尼斯立刻跑去柜台，你猜结果怎样？我们换到一间套房。"

即使只是这么简单的一通电话，也足以让我再哭一次。珊蒂取笑我说，克丽西和我俩太难舍难分了。我回了以下的话："喔，是吗？等到小凯文结婚那一天吧。我迫不及待想看熊妈妈和小熊（指珊蒂和小凯文难分难舍）跟我们一样。"她马上闭嘴过了两夜，珊蒂和我已经将萝仁和涵娜哄睡以后，房子静悄悄的，日子似乎又回复正常，只是我知道自己内心深处起了永远的变化，再也无法和以前一样。

"啊哈，"我大声说，"我总算捱过去了，我已经熬过这一关。"

我正准备轻拍自己的背部，庆贺自己经历了一段前所未有既繁杂又丰富的经验。现在我可以松一口气。我终于可以休养生息，恢复元气。

但珊蒂偏偏在这个时候靠在我的肩膀上，对我耳语："想想看啊，这种事我们还得再做四次呢……"